苏东坡传

梁雅丹 著

中国友谊出版公司

图书在版编目（CIP）数据

苏东坡传 / 梁雅丹著 . -- 北京：中国友谊出版公
司，2024.4

ISBN 978-7-5057-5803-2

Ⅰ.①苏… Ⅱ.①梁… Ⅲ.①苏轼（1036-1101）－
传记 Ⅳ.① K825.6

中国国家版本馆 CIP 数据核字 (2024) 第 008327 号

书名	苏东坡传
作者	梁雅丹
出版	中国友谊出版公司
发行	中国友谊出版公司
经销	新华书店
印刷	河北鹏润印刷有限公司
规格	880 毫米 ×1230 毫米　32 开
	7 印张　160 千字
版次	2024 年 4 月第 1 版
印次	2024 年 4 月第 1 次印刷
书号	ISBN 978-7-5057-5803-2
定价	58.00 元
地址	北京市朝阳区西坝河南里 17 号楼
邮编	100028
电话	(010) 64678009

序　言

　　大江东去，浪淘尽，千古风流人物。故垒西边，人道是，三国周郎赤壁。乱石穿空，惊涛拍岸，卷起千堆雪。江山如画，一时多少豪杰。

　　遥想公瑾当年，小乔初嫁了，雄姿英发。羽扇纶巾，谈笑间，樯橹灰飞烟灭。故国神游，多情应笑我，早生华发。人生如梦，一尊还酹江月。

　　提起大宋，人们总绕不过宋词。而提起宋词，人们又绕不过苏轼。

　　烟雨迷离，波诡云谲。大宋王朝给古人留下了多少悲欢离合，就给今人留下了多少旖旎梦幻。在这样一个时代里，苏轼以才华为粮，以命运为曲，历经六十载，酿出了一斛陈年佳酿。人生如梦，把酒问天，觥筹交错间，时光仿佛又回到了他未入仕时。

　　少年时期，苏轼才华横溢，意气风发。有时，他在广袤无垠的田野上"川平牛背稳，如驾百斛舟"，有时，他又与苏辙一道乘夜外出，探寻"夜凉疑有雨，院静似无僧"。

历经浮沉后，苏轼对故土的眷恋，亦化作无数脍炙人口的诗篇。"吾家蜀江上，江水绿如蓝。"苏轼回想起故乡那晶莹清澈的江水时，便挥毫写就《东湖》；"每逢蜀叟谈终日，便觉峨眉翠扫空。"苏轼回味起峨眉山的俊秀，便将笔墨赋予《秀州报本禅院乡僧文长老方丈》；"想见青衣江畔路，白鱼紫笋不论钱。"苏轼回忆起蜀地的富饶物产时，便毫不吝惜地留下了《寄蔡子华》。

苏轼踏出了官场，却在心底辟出了一隅明净。正所谓"小舟从此逝，江海寄余生"。宋朝的溪山云水、月朗星空、绮丽桃柳、如烟幻境，岂不比宦海名利更值得肆意挥毫？明月松冈、西岭梅花、天上宫阙、月挂疏桐，岂不比朝堂庙宇更令人心驰神往？

在一缕墨香中，他治西湖、筑长堤，留下了美如画卷的苏堤春晓；他抗蝗灾、疏河道，留下了夜宿城墙的千古佳话；他广积粮、减赋税、整顿军防，所到之处，万民称颂。这样潇洒肆意的天之骄子，亦有"致君尧舜，此事何难"的血性。"谁道人生无再少""一蓑烟雨任平生"这样的快意，足慰人生。

历史悠长，却又仿佛行去不远。对苏轼来说，熙熙攘攘的大宋官场总是风雨难料。风云更迭，好梦难圆，从庙堂之高到江湖之远，似乎亦不负山河起伏，岁月疏密。

在那个不安的年代，才华横溢却桀骜不屈的苏轼似乎注定要历经坎坷，在千帆之间追寻一份人生的答案。掬一把月，一束诗，便如那山涧清泉汩汩而流；择一张几，一捧墨，便昂然激起墨花朵朵。

随时、随缘、随遇、随安。有芸芸众生的地方，便有"但愿人长久，千里共婵娟"。有坎坷低谷的命运，便有"春宵一刻值千金，花有清香月有阴"。

或许，苏轼的人生答案早已经了然于胸。

世间万物，于他而言不过是"人生如逆旅，我亦是行人"。

目　录

第一篇

十年春雨养髯龙：少年得志

第一章

蜀中的天才少年

第一节 应在孤云落照边——出生在眉州

眉山出三苏，草木尽皆枯。

传奇人物的背后总是伴随着一些传奇故事，苏轼这个名留千古的奇才更是如此，那些有关他的传说，几乎从他诞生的那一刻便已经开始了。

在我国四川西南部的眉山，一直流传着这样一个传说：在宋仁宗景祐三年（1036），当地原本树木丰茂的彭老山忽然一夜之间花草凋敝，变得一片荒芜。而直到六十五年后，也就是宋徽宗建中靖国元年（1101）的某一天，彭老山再度重新焕发了生机，变得一片盎然。

在当地人的口中，这一切都是因为在景祐三年，苏轼降生在了眉山这片土地上，他的出现带走了彭老山上的所有灵气，而直到他六十几年后在江苏常州去世，这些无主的钟灵之气才重新回到了彭老山上，让这片土地再度焕发了生机。

宋人张端义《贵耳集》记载："蜀有彭老山，东坡生则童，东坡死复青。"

从我们今天科学的角度来看，这个故事显然是后人杜撰的，但在我们这个崇奉天人感应的古老国度，我们更愿意相信这件事真正发生在了苏东坡的身上，为这位一千年前的传奇大家添上一份神秘色彩。也正是因为有这样一种传说存在，苏东坡在后世也多了一个仙人名号——"坡仙"或是"苏仙"。

就像是宋朝人张矩在他的词文《应天长》中写的："换桥度舫，添柳护堤，坡仙题欠今续。"不只是一千年后的我们，就连与他同在一个朝代的古人，一样为苏轼身上这份神仙之气痴狂。

虽然"三苏出，草木枯"的传说并不可信，但苏轼的家乡川蜀确实是一个孕育了很多文学才子的地方，汉朝的司马相如、扬雄、魏晋时期的王煲、陈寿，乃至大名鼎鼎的诗仙李白，都诞生于此。而眉州更是蜀中文化氛围浓厚的地方，两宋时期，眉州的文化教育空前繁荣，在整个宋朝，眉州共有886人考取了进士，史称"八百进士"，从整个中国古代科举历史来看，是很了不起的成绩。

苏轼出生在眉州一个地主家庭，家里田产不少，还有一间经营绢帛的纱縠行，童年的苏轼应该是衣食无忧的，苏轼在自己的文中曾经描写过家里的环境。

门前万竿竹，堂上四库书。高树红消梨，小池白芙蕖。常呼赤脚婢，雨中撷园蔬。（《答任师中家汉公》）

门前有竹林、梨树、小池，还有栽种蔬菜的院子，环境普通而温馨，而家中堂上可称"四库"的存书量，也凸显出了苏家浓厚的文化底蕴，但光是这样，还不足以让苏轼成才，真正帮他奠定学习基础的，是他的父亲苏洵。

苏轼的父亲苏洵也是一名传奇人物，苏洵字明允，自号老泉，与他的两个儿子并称"三苏"，是宋朝著名的散文家、学者，也是我们熟知的"唐宋八大家"之一。他的经历，至今被我们津津乐道，甚至在《三字经》中也有他的身影存在："苏老泉，二十七。始发愤，读书籍。"说的便是苏洵在二十七岁那年才浪子回头，奋发学习，终成一代名家。

苏洵能在苏轼这个千古奇才的身影下闪耀出属于自己的光芒，绝不是因为他是苏轼的父亲这么简单，而是因为他同样是一名"博辩宏伟"（欧阳修《故霸州文安县主簿苏君墓志铭》）的才子。

苏洵对两个儿子从小的教育非常严格，甚至多年后苏轼还会梦见儿时接受父亲教导的情景。

夜梦嬉游童子如，父师检责惊走书。计功当毕春秋余，今乃初及桓庄初。悸然悸悟心不舒，起坐有如挂钩鱼。（苏轼《夜梦》）

这首诗很有意思，写的是苏轼一夜做梦，梦中自己回到了童年，被父亲监督着读书，本来计划要读完《春秋》，却因为贪玩耽误了功课，担心父亲来检查他的功课，所以焦虑不安，像是咬住鱼钩的小鱼一样。

写下这首诗的时候，苏轼已经六十多岁了，但依旧能梦到如此清晰的画面，足以见苏轼对年少时期学习生活的印象是多么的深刻。

不只是学习方面，苏洵对于苏轼人生观的影响也很大，他为苏轼命名为"轼"，这其中也包含着他的期望，他曾经专门写过《名二子书》一文，就是告诉苏轼和苏辙两兄弟各自名字中蕴含的人生道理。

轮、辐、盖、轸，皆有职乎车，而轼独若无所为者。虽然，去轼则吾未见其为完车也。轼乎，吾惧汝之不外饰也。（《名二子书》）

轼指的是古代车辆上车厢前段供扶手的横木，作用类似于我们现代车辆中的方向盘。苏洵在书中写到，车轼虽然看起来并没有什么用，但若是去掉，这辆车也就不再完整了。

他给苏轼取了这个名字，就是想让儿子记住，日后为人也要像车轼一样，处于重要位置，也要善于保护自己，不要张扬，避免锋芒外露而招致妒恨，懂得"无用之用"的道理。

事实证明，苏洵是很有远见的，他的担心也是有道理的，苏轼这一生之所以祸患不断，就是因为他敢想敢说，作词也是直抒胸臆，锋芒毕露。每与人交谈，无论亲疏远近都向其倾说肺腑之言，完全没有学会他父亲希望他学会的"无用之用"，想必这也是苏洵的一份遗憾。

不过这也正是苏轼身上的魅力之一，他若是没有这种敢想敢说的果敢品质，兴许也就不是现在我们看到的那个满身仙气的苏东坡了！

此外，在苏轼的人生中扮演了重要的角色，给予他良好教育的还有他的母亲程氏夫人。

苏轼的母亲程氏夫人是眉州当地的名门之后，她的父亲程文应是当时朝中的大理寺丞。程夫人文化素养深厚，她对于苏轼的教育方式刚柔并济，哪怕直到千年后的今天，也值得我们去学习。

在《宋史·苏轼传》中记载过这样一段往事：

苏轼八岁时，他母亲为他读《后汉书》，其中讲到了一个人，名为范滂。

范滂是东汉著名的政治家，惩处贪官污吏数十人，铁面无私，但最后却遭奸人陷害，被送上了刑场。临行刑前，范滂对母亲说："母亲，我对不起您。今后只有靠弟弟尽孝心了，我就要跟随父亲去九泉之下。生者和死者，都各得其所。只求您舍弃难以割断的恩情，不要徒加悲伤。"他母亲深明大义，对他说："你今天能够与忠义之臣齐名，死有何恨！既已享有美名，又要盼望长寿富贵，岂能双全？我支持你为了理想舍弃生命。"

忠臣铁面，至死思孝，范滂是个忠孝两全的人物，他的故事令人感慨万分，因此当十岁的小苏轼读到这个故事时深受感动，他站起身看着母亲说："母亲，如果日后我要做范滂那样的人，您愿意吗？"

程夫人则回答："你能做范滂，我又怎么不能做范滂的母亲？"

程夫人的回答，不可谓不经典，这是对孩子最好的教育，以身作则告诉孩子什么是对，什么是错。

一个人的人格形成，是有多方面原因的，其中，家庭教育更是重中之重！为何后世的人会被苏轼的人格魅力吸引，会仰慕他那份疾恶如仇的品格？正是因为他从小在良好家庭教育下养成的这份潇洒果敢的性格，早已经根植在他的心中！

也正是在这种家庭环境下，苏轼渐渐长大，而他那份不世出的潇洒才气，也由此开始渐渐萌发。眉州，这个满地才子的地方，人们也渐渐注意到了这位少年天才。

第二节　腹有诗书气自华——天才少年

苏轼本身就天资聪慧，在父亲和母亲影响下，他在年少时期，就展现出了自己的不凡才华。十几岁时，父亲苏洵让苏轼以"夏侯太初论"为题写一篇文章。

夏侯太初（名玄，字太初）是三国时期魏国的重臣，忠于曹魏，曾密谋揭露司马师谋权篡位的企图，后来事情被手下奸人泄露出去，夏侯太初因此被捕，后遭到司马师的戕害。史书记载，在临行刑之前，夏侯太初的神情依旧淡然，坦然地面对死亡。南宋文人刘义庆对夏侯太初的生平曾写过：

夏侯太初尝倚柱作书，时大雨，霹雳破所倚柱，衣服焦然，神色无变，书亦如故。宾客左右，皆跌荡不得住。（《世说新语·雅量》）

苏轼在看过夏侯太初的生平之后，对其评价道：

人能碎千金之璧而不能无失声于破釜，能搏猛虎不能无变色于蜂虿。（《黠鼠赋》）

这句话的意思是说，一个人有勇气摔碎价值连城的美玉，如同蔺相如一般，面对暴君强敌敢于以死相争，却可能因为锅碗突然摔碎而失声惊呼；同样，一个人可以与猛虎搏斗，却可能在面对野蜂毒蝎的时候惨然失色。虽然只是短短的两句话，但苏轼却用最贴切的比喻、最简单的方式，写出人在有思想准备和没有思想准备的时候所表现出的不同，借用这种方式，来赞颂夏侯太初临危不惧的品质。

一个十几岁的孩子，文笔之简练、思想之成熟，着实令人赞叹。苏轼能由夏侯太初这个故事，发出这样的感想，也足以看出他翻空出奇的雄辩才情。

看过苏轼这篇习作之后，苏洵大为赞叹，苏轼也将此句作为自己的得意之句，多次在作品中使用（《黠鼠赋》《颜乐亭诗序》）。

小小年纪就能写出这样的文章，并不是偶然，而是经过千锤百炼、努力学习的结果。苏轼虽然头脑灵活，但在父亲严厉的督导下，不敢因为自己的聪慧而沾沾自喜，甚至付出了比常人更多的努力。苏轼自己就曾在文章中写过：

我昔家居断还往，著书不复窥园葵。（《送安惇秀才失解西归》）

因为苦心作书、作文章，苏轼与平时嬉戏玩闹的伙伴都断绝了来往，甚至没有时间去看院里苗圃中的花朵。由此我们也能看出苏轼在学习上的努力程度，丝毫不亚于现代任何一名苦读学子。

不仅苦学，而且博学。在少年时期，苏轼就非常喜欢读书，他读过了诸子百家的著作，读了各种历史著作，对此后来他的弟弟苏辙记录道：

初好贾谊、陆贽书，论古今治乱，不为空言。既而读《庄子》，喟然叹息曰：吾昔有见于中，口未能言，今见《庄子》，得吾心矣。（苏辙《亡兄子瞻端明墓志铭》）

苏轼从《庄子》中研习古人的论证思想，从西汉文学家贾谊与唐朝宰相陆贽的文章中学习他们对古今朝政的剖析与见解。他感叹于《庄子》潇洒旷达的文风。大概是从这时开始，道家思想已经融入了苏轼的灵魂之中，为他日后超然洒脱、卓然不群的文风奠定了基础。

除了阅读，古人的读书学习还讲究抄书，苏轼自然也不例外，但即便是下抄书这种"笨功夫"，苏轼也将其做得与常人不同。

《汉书》洋洋洒洒一百卷，全文近七十五万字，苏轼从头到尾将其手抄了三遍，而且巧用自己的方式，将其理解后，用短短几字概括文章，作为段落题目。第一遍，苏轼用三个字为段落题目，第二遍则以两字，最后只需一字便可概括整段内容。若有人从《汉书》中随意举出一个字，苏轼甚至可以从此字开始，一直背诵下去，没有一字差错，真正做到了"倒背如流"。

东坡曰：不然，某读《汉书》至此凡三经手钞矣。初则一段事钞三字为题，次则两字，今则一字。公离席，复请曰：不知先生所钞之书肯幸教否。东坡乃令老兵就书几上取一册至。公视之，皆不解其义。东坡云：足下试举题一字。公如其言，东坡应声辄诵数百言，无一字差缺。凡数挑，皆然。公降叹良久，曰：先生真谪仙才也！（陈鹄《耆旧续闻》）

除了下抄书的"死功夫"，苏轼在"巧学"方面也很有研究，他自己发明的"八面受敌"读书法影响深远，古人对其更是极为推崇，直到今天，依旧能让我们从中大受裨益。他在与笔友王庠的书信之中就曾提到过这一方法。

但卑意欲少年为学者，每一书，皆作数过尽之。书富如入海，百货皆有之。人之精力，不能兼收尽取，但得其所欲求者尔。故愿学者每次作一意求之。如欲求古今兴亡治乱、圣贤作用，但作此意求之，勿生余念。又别作一次，求事迹故实典章文物之类，亦如之。他皆彷此。此虽迂钝，而他日学成，八面受敌，与涉猎者不可同日而语也。（苏轼《又答王庠书》）

八面受敌，其核心思想就是分主题阅读，每一次阅读都寻找一个不同的主题来看，这本书便成了两本、三本甚至十本书，用这种方法学习，可以在抓住书中主题的同时，真正贯通书中内容，做到通透境界。苏轼自幼便自己研习出这种阅读方法，其才情聪颖，真可谓旷古烁今。

一位天才的出现，除了读书得法，师长指引，还需要手足亲朋的激励，其中与他关系最为亲密的，便是他的弟弟苏辙。

两人之间不只是手足之情，更是一种亦师亦友的扶持关系，在学习的道路上，两人也是最好的伙伴。

我少知子由，天资和而清。好学老益坚，表里渐融明。岂独为吾弟，要是贤友生。不见六七年，微言谁与赓。（苏轼《初别子由》）

我初从公，赖以有知。抚我则兄，诲我则师。（《亡兄子瞻端
明墓志铭》）

两兄弟在学习的道路上互相扶持，互相鼓动，共同进步，两位
文采斐然的聪颖天才，以诗书为剑，常常交手，迸发出无数灿烂的
思想火花，直至最后携手走进了"唐宋八大家"的名誉殿堂，可谓
是一段佳话。

另有一说，苏轼幼时不少作品都是其妹苏小妹与其共同创作的，
其实这个说法是不正确的，苏小妹在史实上并不存在，她的一切经
历都由后人杜撰而来。苏轼平生喜欢书信与朋友亲人，但在他与弟
弟苏辙往来的上百封信件之中，并没有苏小妹这个人的存在。而且
坊间传闻苏小妹嫁给了苏轼的门生秦观，而秦观第一次遇见苏轼之
时，其已经娶妻，而且已经二十九岁，若按时间推断，苏小妹那时
已经四十多岁，所以这个人物和《苏小妹三难秦观》的故事，显然
不是史实。

虽然苏小妹并不存在，可这个人物并非是凭空杜撰，她的原型
是苏轼的堂妹，是他二伯父苏涣之女，苏轼称呼其为德化县君，来
往信件中称其为小二娘，坊间也有部分传闻，说小二娘其实是苏轼
的初恋，但这种说法并没有可靠依据，是后人为苏轼风流史上妄自
添加的一笔美谈。而苏轼的正牌初恋，其实是我们接下来要介绍的
这位奇女子，也是苏轼平生最为疼爱的一位夫人——王弗。

第三节　春宵一刻值千金——娶妻王弗

君讳弗，眉之青神人，乡贡进士方之女，生十有六年而归于轼。
（苏轼《亡妻王氏墓志铭》）

爱，是一个亘古不变的话题。关于爱情、婚姻的美好故事，历来是人们津津乐道的。而发生在才子佳人身上的爱情故事，更是为这份浪漫添上了一笔如诗如画的意境。

苏轼与王弗的爱情就是一个美丽的传说。王弗出生于眉州青神县，她的家境与苏家情况相仿，父亲王方是当地的乡贡进士。同样是书香门第出身，苏轼与王弗可以说是门当户对。

两人成婚那一年，苏轼十九岁，而王弗十六岁，正是古书之中所谓的二八佳人时光。虽然以现在的情况看，两人是早婚，但在宋朝的风气下，却已经是晚婚了（男十五、女十三《宋仁宗天圣令》）。而当时谁也没有想到，这份结合，会为日后的我们留下一段千古佳话。

苏轼与王弗的婚姻并非如传说故事中所讲的那样，因互相仰慕才情而冲破世俗的禁锢，也不是那种带有传奇色彩的青梅竹马式结合。但王弗却依旧以她超然的明悟品格，"敏而静"的特质，彻底赢得了苏轼的心，也让两人的心心相照成了千古美谈。

其始，未尝自言其知书也。见轼读书则终日不去，亦不知其能通也。其后，轼有所忘，君辄能记之，问其他书，则皆略知之。由是始知其敏而静也。（苏轼《亡妻王氏墓志铭》）

王弗刚嫁给苏轼的时候，并没有告知丈夫自己通晓诗书，只是每当丈夫读书的时候，就一直相伴左右，终日不去。后来丈夫在读书中有遗忘的地方，王弗便能给予提醒。这也引起了苏轼的好奇，问她其他书中的内容，王弗皆能略答一二，这也让苏轼明白，自己这位夫人"敏而静"，而且性格内敛，是一名绝佳的贤内助。

苏轼对自己这位夫人的评价相当高，对她用情至深，在苏轼亲笔为王弗所撰的墓志铭中，苏轼曾以三件小事描写王弗的蕙质兰心。

从轼官于凤翔，轼有所为于外，君未尝不问知其详。曰："子去亲远，不可以不慎。"曰以先君之所以戒轼者相语也。（苏轼《亡妻王氏墓志铭》）

第一件，便是苏轼人在凤翔为官之时，出门在外做事，回家后王弗会询问当天发生的所有事情，巨细无遗，还对苏轼说，他现在离开父母亲长，行为举止应当慎之又慎，而且还拿出了苏轼父亲苏洵的话语提醒苏轼。这些都是王弗作为妻子的担忧，是对苏轼爱的叮嘱，两人伉俪情深，由此可见一斑。

轼与客言于外，君立屏间听之。退必反覆其言。曰："某人也，言辄持两端，惟子意之所向。子何用与是人言。"（苏轼《亡妻王氏墓志铭》）

第二件，也是王弗"幕后听言"故事的由来。苏轼会客之时，王弗就坐在幕后，等到客人离去，王弗则出来提醒苏轼要注意的事情。比如，有一次她就对苏轼说："这人话语间模棱两可，一味地恭迎奉承你的意思，何必与这种人浪费时间？"

古代的环境与现在不同，女性的地位低下，一般女子没有资格谈论或评价丈夫的社交和工作，王弗能够为丈夫提出建议，而这些建言更是被苏轼谨记于心，足能说明苏轼对王弗的信任与敬爱。

有来求与轼亲厚甚者，君曰："恐不能久。其与人锐，其去人必速。"已而果然。（苏轼《亡妻王氏墓志铭》）

第三件，王弗见到有来求苏轼办事，携带厚礼之人，便对苏轼说，这人在短时间内就对你如此亲切熟络，这种感情来得快，去得一样快，不要相信他。

直到此时，王弗对于苏轼的叮嘱，已经远超一个妻子通常的劝诚叮嘱范围，更像是一个朋友给予苏轼的建议。而"已而果然"，更能证实王弗的慧眼如炬。

王弗是一位聪明的妻子，也是一位不可多得的贤内助，这三件事，虽然都是生活中的琐碎小事，并非什么惊天动地的成就，但足以说明，王弗具有敏锐的洞察力，并对苏轼的品行有足够的了解。如此奇女子，得到千古大才苏轼的敬佩与怜爱，也是理所应当。

历史上对于王弗的记载并不多，有关于她的事迹，更多是后人杜撰的传说，我们如今想要一窥这位奇女子的生平与履历，只有从苏轼为其撰写的墓志铭中来分析。但即便如此，我们依旧能从这短短几百字的文中，看出这位奇女子的一斑侧颜，而光是这一点，也足以让我们为之惊叹。

诚如元代曲作家王实甫在《西厢记》中写的："才子多情"，才子与爱情故事之间似乎总是有着千丝万缕的联系。而那些对美好爱情故事有着憧憬的人们，似乎不甘心让苏轼与王弗这段绝美的爱恋如此空白着，便为其增添了不少后世美传。

在王弗的老家青神县，至今还流传着一个"唤鱼池"的传说。相传王弗的父亲王方在青神县的一个书院执教之时，好友苏洵将苏轼送来学习。看着聪明的苏轼，王方心生喜爱。而在王方执教的书院附近，有一潭清澈的池水，苏轼合掌拍响，立刻有群鱼跃出水面。于是他立刻建议王方为此池题名。王方也因此遍邀青神县文人雅士，来到池边举杯题名。可很多文人的题名不是过雅就是太俗，最后还是苏轼缓缓展示出他的命名——唤鱼池。

此名一出，众人皆拍手叫绝，认为这个名字起得十分贴切，雅致不落俗套。就在众人赞叹苏轼之才时，王方家中女儿王弗也让丫鬟送来了自己的题名，打开红纸，"唤鱼池"三字跃然纸上。众人又惊叹他二人"不谋而合，韵成双璧"。

这故事颇具传奇色彩，而在今天的四川青神县，亦有唤鱼池作为名胜旅游景点，池前一块巨石之上篆刻"唤鱼"二字，当地人甚至说这是当年苏轼亲笔，但无论是这唤鱼池的故事，还是苏轼亲笔题字的石碑，都没有史实记载，听过后，一笑即可。

浪漫传奇固然让我们心向往之，王弗与苏轼这种相敬如宾，平淡中又充满幸福的婚姻生活，何尝不是我们曾经幻想要过的生活，又是多少人追寻一生的梦想。王弗，这个娴静聪慧的女子，进入了苏轼的生活，也融入了苏轼的灵魂，为苏轼的人生，添上了浓墨重彩的一笔。

有了王弗这个贤内助在背后支持，苏轼对家庭也再没了后顾之忧，娶妻一年后，苏轼便踏入了他人生中最长的一段旅途，也是他颠扑人生的第一条赛道——入京。

第二章

名动天下的才子

第一节　莫使匆匆云雨散——远赴汴梁城

正所谓"蜀道难，难于上青天"。

从眉州到汴梁千里之遥，一路上的艰难险阻可想而知。可是，为了家中的两只"雏凤"，苏洵还是告别亲友，带着苏轼和苏辙远赴京师，寻觅可供凤凰栖息的梧桐枝。

苏洵三人先走陆路，辗转到达嘉陵江畔的阆中。随后，他们又经阆中穿越终南山曲折陡峭的古栈道，翻越秦岭进入关中。

苏轼与苏辙风华正茂，对新鲜事物充满了好奇。连月的奔波虽然让他们疲惫不堪，但却大大激发了苏轼的少年豪情。一路登高览胜，三人终于来到中原之地河南。

从眉山到汴梁，这一路上苏轼都在巡山访河，寻古探幽。以至于在至和三年（1056）的夏季，苏家父子才终于来到了汴梁。当时，汴梁城恰逢蔡河决口，连日的大雨让京师失去了车水马龙的景象，取而代之的，是数不清的小舟争流。

北宋时期，汴梁城足足有一百五十万人，远远超过盛唐时期的长安。汴河两岸万家灯火，士、农、工、商都在这里发展，都在这里兴旺。眼前的另一番盛景，即便是苏轼也不禁感慨"惟有王城最堪隐，万人如海一身藏"。

大雨并没有扑灭汴梁百姓的热情，他们仍旧穿梭在熙熙攘攘的街道之中。那高高的状元楼、摘星楼、潘楼、樊楼宾朋满座。就在苏轼被眼前的繁华盛景迷乱双眼时，不远处马鞭"啪"的一声，将苏轼的思绪重新拉了回来——

　　那是一架两乘高轩，丞相富弼与枢密院大臣韩琦就在车上。不知是否因为马车的豪华，就连车夫也显得格外相貌堂堂。是啊，唯有入仕，才能掌握权力，才能为天下黎民百姓作出贡献吧。年仅十九岁的苏轼立刻便振作了精神，投入紧张的备考之中。

　　苏家父子来的这一年，连日大雨冲击了汴梁城。为了稳定治安，宋仁宗便任命大名鼎鼎的"铁面无私包青天"包拯出任开封府尹，安定黎民。包拯上任时，还带去了两个与苏轼未来命运息息相关的副手，一个是王安石，另一个是司马光。

　　相传，包拯曾请王安石和司马光饮酒赏花。王安石和司马光都不是能喝酒的人，可是，司马光碍于包拯的情面，勉强把酒喝下了，而王安石却从始至终滴酒未沾。或许，正是二人的性格铸就了大宋的轨迹，命运在此时便已初见端倪。

　　不过，这些都是后话。眼前，汴梁城正被水灾侵扰，而水灾直接影响到的便是苏轼等一众考生。当时，原本定在八月进行的考试因水灾推迟了一个月。为了冲一冲晦气，宋仁宗决定将年号从"至和"改为"嘉祐"。就这样，至和三年便成了嘉祐元年（1056）。

　　终于，影响苏家兄弟命运的发解试，就在嘉祐元年的九月开始了。

　　虽然苏洵带着两个儿子远赴京师赶考，但他本人却并没有参加考试。彼时，苏家父子寄居在汴梁的兴国寺内。就在苏洵忙着与当世高官名流欧阳修、韩琦等人结交时，苏轼与苏辙正终日以书为伴，暂时无心领略汴梁的繁华。正所谓"有心人，天不负"，在九月的发解试中，苏家兄弟双双过关，苏轼更是取得了第二名的好成绩！

此时的汴梁城中积水已退，恢复了生机。恰逢苏家兄弟高中，苏轼终于能在春风得意时去欣赏汴梁风光了。当时，苏轼在汴梁遇见了一位相师，名叫程杰。程杰与苏轼素昧平生，却单单为他驻足。

据说，程杰端详苏轼许久，最终吐露出一句话。这句话当时并没有引起苏轼的注意，但在他跌宕起伏的后半生中，苏轼却无数次回味这句话，并深感程杰的道行高深。这句话便是——"一双学士眼，半个配军头"。

当然，此时的苏轼意气风发，丝毫不以程杰的话为意。在京师的日子里，苏洵忙着应付京师的文人墨客，苏轼则清闲许多。他或者同苏辙一起复习备考，或者在汴梁城内随意逛逛，又或者在茶楼上听说书人谈古论今。

在茶馆偷闲的日子里，苏轼见到了不少当世名士。其中便有与他命运另有一番纠葛的曾巩与曾布。

曾巩与曾布同为兄弟，和苏轼、苏辙相比，曾氏兄弟似乎更得世人的青睐。因为除了他们才华横溢外，更为重要的是，他们是大文豪欧阳修的高足，也是苏家兄弟省试的竞争者。当然，苏家兄弟的竞争对手并不仅仅只有曾氏兄弟，还有一对程氏兄弟同样文采斐然，他们是程颢和程颐，皆受教于一代大儒周敦颐座下。

曾巩、曾布、程颢便也罢了，偏偏这场省试中，还有一位让苏轼忌惮又羡慕的才子也来参加。这位才子名叫张载，他不仅文采风流、侠肝义胆，而且受过范仲淹的指导。要知道，苏轼最崇拜的人就是范仲淹。如今，范仲淹已然仙逝，这位张载怎能不让苏轼心潮澎湃呢？

还有章惇、章衡、王韶、邓绾、张璪、林希、朱光庭、吕大钧……

这些才子都让苏轼或多或少地感受到了竞争的压力，也让苏轼明白了汴梁不愧为卧虎藏龙之所。

此时的苏轼，再没有了顺利通过发解试时的志得意满，他开始意识到，自己正处于一个诸杰并起、群星璀璨的时代。不过，他没有意识到的是，命运虽将这些年轻才俊安排在同一场考试中，可不久的将来，他们却会分别投在王安石或司马光的旗下。在那个大变革时代中，苏轼本人也将不可避免地受到牵连。当然，这一切的发生，都要在那场省试之后。

在一个寒冷的清晨，众学子们终于等到了那场省试的消息。一场足以影响整个文坛的旋风，也在这一天悄然而至。

第二节　与余同是识翁人——与师欧阳修

"终于快到省试了。"

"只是不知这主考官到底是谁？"

"我倒希望是欧阳公，他做主考官，那可是众望所归！"

在众学子的翘首企盼下，嘉祐二年（1057）正月的某个清晨，宋仁宗终于公布了省试的考官名单。主持这场省试的，正是当时的文坛领袖——欧阳修。

要知道，北宋的科举考试一共分为发解试、省试和殿试三级。苏轼刚到汴梁时，以第二名考中的不过是发解试。考生们只有通过发解试，才能成为举人，并且只有举人，才有资格参加进一步的省试。

苏轼心里明白，若要在官场上有一番作为，那省试就是仕途的关键点。正所谓"一考定终身"，在这样的压力下，即便是天之骄子苏轼，也免不了心里打起鼓来。

这边苏家父子枕戈待旦准备应考，那边欧阳修等考官也忙得脚不沾地。北宋士大夫如云，官吏更是烂若星河。欧阳修与几位副考官要"锁院"五十日，以备为皇帝选拔最优秀的考生。终于，省试如约而至。

应试那天，苏轼、苏辙同其他应考的考生一样，半夜便起床收拾行装。他们带好面饼、冷饭，便向着考场进发了。此时，那些汴梁精英亦各怀心事，无暇顾及看上去一表人才、意气风发的苏家兄弟。众人在禁军侍卫的监督之下鱼贯而入，每人一间斗室，各自做各自的答卷。

北宋的考试采用糊名制，考官并不知道考生的名字。而且，在答卷之前，考生亦不知道自己要论的题目究竟为何。当时，负责阅卷的参详官叫梅尧臣，此人是北宋时期著名的文学家，与大文豪欧阳修亦是好友。当他取出苏轼的《刑赏忠厚之至论》时，不由得眼前一亮。

"自汉儒至于庆历间，谈经者守训故而不凿。"宋人多爱孟子，而苏轼这篇《刑赏忠厚之至论》亦颇有孟子之风。梅尧臣只略读了一遍，便觉得颇有意思。不过，令他为难的是，苏轼引用了一段"皋陶杀人，尧帝救人"的典故。这段典故，即便是梅尧臣饱览群书，亦未曾听过。于是，梅尧臣便将这篇《刑赏忠厚之至论》交予欧阳修审阅，请他定夺。

欧阳修初读这篇论时只觉得口角余香，于是赞不绝口。可当梅尧臣问及这篇典故时，欧阳修也犯了难。不过，这并不是什么大问题，因为这篇论逻辑清晰、论证严密，足以点为榜首文章。

可就在欧阳修要将此篇文章点为第一名时，他又一次陷入了怀疑。原来，因为实行糊名制，欧阳修并不知道这篇论乃是苏轼所作。在他看来，在场的诸位才俊中，唯有自己的门生曾巩有能力写出这样一篇文章。为了避嫌，欧阳修特意将这篇论点为第二名。

考试结果出来后，欧阳修方才知晓这篇《刑赏忠厚之至论》竟然出自苏轼之手。不过，好在省试并非殿试，第一名与第二名之间的差距亦没有那么明显。苏轼、苏辙兄弟双双通过，他们只有欣喜，并未抱怨。

获得第二名后，苏轼前去拜谢梅尧臣。梅尧臣与苏轼聊天时，便谈到了那段"皋陶杀人，尧帝救人"的典故。谁知，苏轼竟然满不在乎地称，这段典故是他临时编造的，并没有出处。梅尧臣不由大惊，这苏轼竟然如此胆大妄为，在重要的省试时竟然乱编典故。但随后，梅尧臣又不由得大喜过望。苏轼凭一篇杜撰的典故，就能让整篇文章的逻辑严丝合缝，这也足可见此人才华绝代了。

　　这边梅尧臣解开了疑惑，那边的欧阳修也迫不及待地向苏轼"请教"起来。无奈，苏轼只好给欧阳公讲了一段《三国志》的故事。

　　当年，曹操在夺取幽州之后，便将袁绍的儿媳甄宓赐给了曹丕做媳妇。北海太守孔融得知此事后义愤填膺，便给曹操写了一封信，称周武王伐纣之后，就把妲己献给了弟弟周公，以此嘲讽曹操恶行。后来，曹操专门就此事去问孔融："武王伐纣后，姜子牙斩杀妲己，世人皆知，怎得你却说武王将妲己赐给周公？你这么说的依据是什么呢？"孔融听后微微一笑："我不过以你的恶行来推测古人，这都是我的推断，哪里有什么出处呢？"

　　说完，苏轼便向欧阳修请罪。谁知，欧阳修听得瞠目结舌，半晌才说道："你这也算举一反三、通今博古了。他日，你的成就必然在我之上。"

　　这并非欧阳修的谦虚之言，与苏轼结交后，欧阳修便时常称颂这位小友。他甚至还对梅尧臣说："读苏轼的文章，实在是令我十分畅快。我当为他让路，放他出人头地。"

　　后来，欧阳修在苏轼某次拜访回去之后，还指着苏轼的背影，对自己的儿子欧阳奕说道："且看此人，三十年后，被世人传颂的便不再是我了。"当时，欧阳奕见父亲如此抬高苏轼，便有些不服地看向梅尧臣。谁知，梅尧臣却并不否定欧阳修，而是笑着说道："当年韩愈掌管洛阳的国子监，曾冒雨走了一百五十里泥巴路，专程拜访年仅十七岁的少年李贺，成就了一段佳话。今日欧阳公对苏轼赞不绝口，亦算得上一段佳话了。"

此后，欧阳修便将苏轼视作自己的门生，还特意带他拜见了当世的文豪高官、青年才俊。其中不但有富弼、韩琦、曾巩，还有王安石和司马光。正所谓"粗缯大布裹生涯，腹有诗书气自华"。苏轼凭一篇论获得了欧阳修的青眼，一夜之间，便信步跻身于当世名流之间，实在是令人感慨而又称羡。

梅尧臣曾说，苏轼归于欧阳修门下，此乃天意。在欧阳修的引荐下，苏轼亦弥补了未能与范仲淹一见的遗憾。当时，朝廷有位大臣名叫范镇。范镇忠肝义胆，敢于直言上谏宋仁宗。"宁鸣而死，不默而生。"这是范仲淹的名言，也是这位范镇的座右铭。与范镇结交后，范镇告诉苏轼，范仲淹官至宰辅，家中却无甚值钱的东西。当年，范仲淹在荆楚蛮夷之地为官，他并未自叹自艾，反而教化了一方百姓，名垂千古。或许，与范镇的结交改变了苏轼的心境，也为苏轼后面不向命运低头的人生埋下了伏笔。

总之，苏轼得到梅尧臣、欧阳修等当代大家的眷顾，于他而言自然是一大幸事。然而，苏轼的这种靠才华赢得的际遇，却让许多落榜的考生心怀不满。众落榜考生们纷纷指责欧阳修阅卷不公，甚至还有学子作了攻击欧阳修的文章，广为散布，这件事一直闹到三月份宋仁宗宣布殿试开始才算告一段落。

不过，这也不能怪落榜考生们学艺不精。事实上，落选的考生中，有不少人亦是才华横溢、文采斐然的。奈何，嘉祐二年的考生含金量实在太高，在这一届考生中，入榜的有未来的三位宰相、八位执政。而苏轼、苏辙、曾巩、程颢、张载等人，随便放在哪一届考生里，都算得上三甲的水平。

　　然而，在众多学子中，欧阳公却独独对苏轼青睐有加，这份青睐甚至超越了对曾巩的，这也难怪众学子会如此怨怼了。或许，这便是苏轼与欧阳修之间惺惺相惜的默契，以至于时隔多年后，苏轼仍愿意为欧阳公挥毫一书："醉翁遣我从子游，翁如退之蹈轲丘。尚欲放子出一头，酒醒梦断四十秋。"

第三节　儿啼却得偿当年——守丧三年

"敢以微躯，自今为许国之始。"苏轼自及第之后，便将自己全身心地交予朝廷了。他满心满眼都是壮志豪情，并信手落笔于纸上。

及第后，想必苏轼最想看到的，就是母亲程夫人饱含慈爱与赞许的笑颜了。程夫人在苏轼心中地位之高，无异于曾母在曾子心中之地位。苏轼爱竹，喜欢咏竹，亦钟爱画竹，想是与程夫人有很大关系吧。"门前万竿竹，堂上四库书。"眉山苏家的五亩园里，必定有程夫人亲手栽植的竹子与花儿，否则，苏轼又怎会对竹子如此眷恋呢？

如今，苏轼、苏辙高中，父亲苏洵又在文人士大夫间颇有才名，这一切，不正是母亲程夫人盼望得见的吗？屈指算来，苏家父子离开眉州已经四百多天了。"白发三千丈，缘愁似个长。"不知远在眉州的母亲，如今还好吗？苏轼在汴梁轻抚着竹叶，思绪也飘摇到了远方。

那是嘉祐二年的四月八日，程夫人在眉州因积劳成疾，不幸撒手人寰。苏家父子远在汴梁，山高路远，蜀道艰难，他们五月才收到来自眉州的书信。

刚听到这个消息的苏轼根本无法接受，他再也没有在京师重地崭露头角、意气风发的快意，有的只是心间浓郁如夜色般的哀伤。

在苏轼很小的时候，程夫人就将他抱在膝上，慈爱地为他讲解历史故事和做人的道理。记忆中懵懂的片段，让苏轼不禁泪如泉涌。从此之后，即便他成了名垂千古的范滂，自己的母亲程夫人也再不会知晓，也不会在背后默默地含笑支持他了。苏轼有泪落地，哀伤却无声。

比苏轼更加哀伤的，应当是他的父亲苏洵。

"苏老泉，二十七。始发愤，读书籍。"对苏洵来说，程氏是多么贤良淑德又有包容心的妻子啊！想当年苏洵不过是一位不羁的少年，整日游山玩水，幸得来自书香世家的程夫人时时规劝，这才有了三苏名震京师的故事。此时，苏洵只能"归来空堂，哭不见人"，纵有再多感激，他也再无处与程夫人共话了。

苏家父子各怀心事，共怀悲伤，意气风发而来，悲怆仓皇而归，很快便到了眉州老家。苏家的两个儿媳，一个是苏轼的夫人王弗，另一个是苏辙的夫人史氏，她们二人泪眼婆娑，虽然苏家兄弟高中归来令人欣慰，但婆母去世，一家人从此便如同天上弦月，不得再圆，这又如何不让人悲伤呢。

眉州的官员们，以及苏家、程家、王家、史家的亲友们亦纠结茫然不已。苏轼、苏辙高中，苏洵与汴梁里的文人士大夫们交好，这原本是值得庆祝的事。然而，程夫人撒手人寰，却又实在让人说不出贺喜的话。

阴阳永隔，是人类自古以来的绝望。翰林学士欧阳修知道程夫人的事情，他十分感佩这样的女子，于是，亲自为程夫人撰写了《程夫人墓志铭》，交与苏家父子。苏家父子不胜感激，但此时，他们亦无暇与欧阳修客套了。归眉州后，他们就开始张罗程夫人的丧事，将她葬在了离眉山城东十多里的苏坟山。这里有千亩松林，松涛阵阵，恰如程夫人的正直高洁。

中国自古以孝治天下。按照古制，苏轼、苏辙虽然高中，但仍需为母亲居丧二十七个月。在这期间，苏轼、苏辙不得为官，如果他们未行嫁娶，那么也不得行嫁娶之事。只有守丧期满，方能恢复往日的正常生活。

不过，居丧期间，苏轼、苏辙并不需要闭门不出，他们仍然能以在籍进士的身份，在蜀地与人正常结交。嘉祐三年（1058），苏轼见蜀地百姓耕作劳苦，便以在籍进士的身份向王素上书进言。王素时任益州知州，亦是龙图阁学士。在所有翰林学士中，当属龙图阁学士为最。而且，王素又是一代名相王旦的儿子。许多人即便想与他结交，想向他进言，也会因为他的身份地位望而却步。可苏轼少年意气，并不在意这些虚名，他虽然在居丧期间无法入仕，但仍想为黎民苍生作些贡献。

苏轼在给王素上书时称："蜀人劳苦筋骨，奉事政府，但犹不免于刑罚。有田者，不敢望以为饱；有财者，不敢望以为富，惴惴焉恐死无所。"意思是蜀中赋税过于严重，希望王素能减少蜀地赋税。可是，王素如此高位，每日收到的书信建议实在太多，苏轼虽然已有才名，但毕竟只是个未入仕的在籍进士。所以，这封书信就像往大海里投了一颗石子一般，并没有在王素处溅起什么水花。

眼见上书未果，苏轼便骑马从眉州前往成都，亲自求见知州大人。王素因苏轼确有才名，又是欧阳修的爱徒，于是便接见了他。二人一番交谈后，王素对苏轼的才情抱负颇为感叹："你不愧是欧阳公的高足，虽然你还未踏入仕途，但却已经有为民请命的觉悟了。"

被苏轼说服的王素下令，减轻了蜀地盐、茶、酒、绢等生活物品的赋税。苏轼虽然未入仕，却已经让数以百万计的蜀地人民受到恩惠了。年轻的苏轼从成都回眉州，眼见这百余里川西道路风景宜人，又想起苏洵"岷山之阳土如腴，江水清滑多鲤鱼"的诗句，心里亦是无尽的快意。

苏轼曾为了施展抱负终日苦读，居丧期间，他终于有时间陪伴自己年轻的妻子王弗。王弗是青神县乡贡进士王方之女，样貌端庄，品行贤淑，平日"既敏且静"，与苏轼相敬如宾。居丧期间，苏轼多次陪伴王弗回拜岳家，岳家也同样对这位年轻有才的女婿重视非常。

想当年，苏轼才情名动京师、享誉汴梁，遑论这小小的青神县呢？苏轼与王弗每次回岳家，都能引来无数亲友争相探望，就连青神县的县令和乡绅，也都纷纷前来与苏轼结交，青神县的姑娘们更是对这位才子好奇非常，其中便有一位叫王闰之的姑娘。

王闰之是王弗的堂妹，她年轻，聪明灵秀。此时的她，尚不知道自己的未来会与这位"姐夫"有着千丝万缕的关联。眼下，她只觉得苏轼和王弗实在是一对璧人，大家远眺西岭雪山，近戏玻璃江水，实在是快意喜悦。在这段闲适的时光里，王弗有了身孕。苏家，很快便要添儿啼之声了。

时光流转，转眼来到了嘉祐四年（1059）的十月。此时，苏家兄弟居丧期满，二人也该另辟一番天地了。蜀地风景如画，但离汴梁实在过于遥远。经过一番深思熟虑，苏洵决定，带着苏轼与苏辙搬离眉山，在汴梁定居。

此一去虽然依旧是山高路远、道阻且难，但行过之后，便是海阔凭鱼跃，天高任鸟飞了。

第四节　百年第一人——重返汴梁

游人出三峡，楚地尽平川。北客随南贾，吴樯间蜀船。

（《荆州·游人出三峡》）

嘉祐四年的秋天，苏洵携家带口，走一千六百八十余里，经水路远赴汴梁。这次与第一次出川不同，除了苏洵、苏轼、苏辙之外，一同远赴汴梁的还有王弗、苏迈（苏轼刚出生不久的长子）、史氏并两个乳母。

眉山东门外水码头上，是数不清的亲友前来送行。面对承载了太多回忆的故土，面对风景依然如画的眉山，苏洵不禁怅然地吟出"古人居之富者众，我独厌倦思移居"的诗句来。为了苏轼与苏辙的仕途前景，苏洵还是选择了远走他乡，让苏轼与苏辙展翅高飞，做出一番伟业。

这一次，苏洵等人走的是当年李白出蜀地的古道。众人"朝三峡而暮江陵"，让船顺着岷江而下，沿着蜿蜒百余里的河道，一路到达嘉州的三江汇合处。来到嘉州，虽然此地仍属蜀地，却已经与中原景象十分相近了。苏轼不由得叹道："故乡飘已远，往意浩无边……奔腾过佛脚（嘉州在今四川乐山），旷荡造平川。"

此时的苏轼已经二十三岁，无论是年龄见识还是知识累积，都比三年前更胜一筹。此前，他为了仕途考试在策论上狠下功夫，如今，他更愿意"沿途阅县三十六"，过一过诗词飘香的遂意人生。

途中，苏洵、苏轼和苏辙同作诗赋一百篇，他们将这些诗赋编在一起，是为《南行集》。苏轼还为此集作了序，序曰："自少闻家君之论文，以为古之圣人有所不能自已而作者，故轼与弟辙为文至多，而未尝敢有作文之意。"

苏轼此言并非谦虚，正所谓"文章千古事"，古代大才下笔往往是慎之又慎。老子的《道德经》不过区区五千字，孔子《论语》也无非一万字有余，庄子的《庄子》一书，成书也不到七万字。这些文章可谓是华夏圣贤集智慧之大作，尝有敬畏之心的苏轼，又怎敢随意地下笔撰写文章呢？

苏家父子沿途吟诗作赋，过荆州时改乘车马，经由南阳往汴梁而去。"南阳诸葛庐"，这里是蜀汉著名丞相诸葛亮遗迹所在之处。诸葛亮一生鞠躬尽瘁，唯愿死而后已，以报刘备知遇之恩。"丞相祠堂何处寻？锦官城外柏森森。"到了南阳，又怎能不拜城东二十里的诸葛庐呢？苏轼拜谒诸葛亮时，内心的独白而今已不能知晓，但他的行为，也恰恰说明了自己美政的决心。忠君爱国，报效朝廷。诸葛亮如是，苏轼亦如是。

车马劳顿，嘉祐五年（1060）的二月十五日，苏轼等人才终于抵达了汴梁。到了京师，苏轼与苏辙便前往吏部接受任命。朝廷按照规定，授予了苏轼和苏辙县主簿之职。苏轼为福昌县主簿，苏辙为渑池县主簿。可是，令人没想到的是，苏轼和苏辙面对朝廷的授官，却都谦虚地辞谢拒绝了。

原来，苏轼和苏辙已经打定主意，要参加第二年的制科考试。

这种考试不同于之前，它相当于由宋仁宗亲自选拔的"皇帝特招考试"。这种特招考试不定期举行，或许十年八年才有一次。而且，参加考试的考生必须由名臣举荐，考卷也要给皇帝亲自批阅。欧阳修欣然推荐了苏轼，而苏辙则由知谏杨畋（杨乐道）举荐。

"特于万人之中，求其百全之美。"苏轼以此来形容这种最高级别的考试。能参加这种考试，对寻常人来说便是值得骄傲的大事了，遑论由欧阳修、杨乐道这样的名臣推荐。一时间，苏家兄弟又一次名动京师，引来士林学子翘首侧目。

事实上，对苏家兄弟来说，自从与欧阳修、梅尧臣、韩琦等人结交，他们就已经习惯了人们的侧目与青眼。不过，对初来京师的王弗和史氏来说，即便她们在眉州能得知苏轼等人的风光一二，但毕竟百闻不如一见，与苏家往来的都是此等大人物，这让王弗与史氏亦惊讶不已。同时，她们也理解了苏洵为何千里迢迢，举家来汴梁的用意。

想当年，苏轼还是小童时，他的老师张易简便告诉他，范仲淹、欧阳修、韩琦、富弼等都是当世豪杰。可惜，范仲淹已在皇祐四年（1052）溘然离世，苏轼无缘与之一见。不过，剩下三位皆与苏轼有所往来。张易简有知，想必亦能老怀安慰了。

很快，嘉祐六年（1061）的制科考试即将开始。这一时期，来自全国各地有资格参加的考生都入住汴梁城的馆驿中。大家或乘夜外出散步，或挑灯夜读文章，以至于汴梁的夜晚，竟然有无数馆驿燃着点点灯光，与天上的星子遥相辉映，相映成趣。

就在众人点灯备考之际，苏轼却在马行桥品鉴古玩旧书，品尝夜市小吃，一副胜券在握的样子。不过，很快他就有了新的担忧。原来，弟弟苏辙临考之际，却突发疾病，无法赴考。苏洵和苏轼十分着急，却也无可奈何。

眼见苏辙便要缺考，朝廷却传来了好消息。原来，韩琦得知苏辙生病，因怕他错过难得的制科考试，特意向宋仁宗建议将考试时间推迟二十日。宋仁宗亦对苏辙十分感兴趣，于是便欣然应允了这个请求。北宋立国百年，这样的事可谓是绝无仅有。从这件事上，我们亦能看出苏辙的才华并不比苏轼差多少。否则，韩琦和宋仁宗又怎会为了一个布衣学子，破例延长二十日考试时间呢？

终于，嘉祐六年八月，制科考试开始了。

所谓制科，通常是考策论，也就是考考生们对时局的看法。一般来说，参加制科考试的考生都会委婉地表达自己的政见。因为毫不留情地公开批评时局，不仅会得罪皇帝和百官，还会阻挡自己的仕途，而且难免有沽名钓誉之嫌疑。可是，如果阿谀奉承，称颂时局，又难免会被天下人耻笑，赢了仕途，却输了名节。个中曲折尺度，都考验了考生的性格和能力，所以，欧阳修免不了担心起来。

要知道，苏轼是出了名的刚直，他只愿像范滂、范仲淹等人直言上谏，却不愿意曲意逢迎，以文采打动宋仁宗。相比心里打鼓的欧阳修，推荐苏辙的杨乐道倒是十分放心。相比哥哥苏轼，苏辙一直都秉持着谦虚有礼、进退有度的态度。

在万众瞩目的制科考试时，苏轼在宋仁宗的御座前挥毫写就了一篇五千字的策论，仁宗看完十分欣赏，便同苏轼谈论起来。苏轼初见皇帝，不但没有心生怯意，反而壮怀激烈。苏轼直言批评朝政，不但提出了后宫花销巨大，而且直指仁宗本人勤政不足。

不过，令人欣慰的是，宋仁宗并没有动怒，反而感叹于苏轼文采之斐然，书法之精妙，忠义之过人。于是，宋仁宗大笔一挥，将苏轼录为"三等甲"。这"三等甲"虽是三等，但其实与头名状元无异。因为一百多年来，制科考试的一等、二等都是形同虚设的。

而这第三等，在苏轼之前也只有一个名叫吴育的人获得过。苏轼得此殊荣，已经足够苏家光耀门楣了。

这边苏轼春风得意，那边苏辙却遇上了难题。一向以稳健著称的苏辙，在策论时称古之圣人都是平日百思百虑，有事则临危不惧，可宋仁宗却平日无忧无虑，有事则惊慌失措。这样的策论，即便文采再高，也无人敢向皇帝进一个"好"字了。

以胡宿为首的臣子们建议，将苏辙赶出考场不予录用，可司马光等人却坚持苏辙是忧国忧民，应当与苏轼一样，同列为三等甲。后来，宋仁宗采纳了范镇的建议，将苏辙列为第四等，许苏辙入仕为官。

回到后宫，宋仁宗喜形于色，以至于曹皇后都忍不住问仁宗，究竟何事如此高兴。仁宗便对曹皇后说，自己已经为子孙寻得了两位清平宰相。这时候，仁宗皇帝仍不尽兴，还传旨嘉奖道："天下好学之士，多出眉山！"有宋仁宗的青睐，苏轼、苏辙两兄弟终于要在官场一展拳脚，尽诉自己的青云之志了。

第二篇

人生到处知何似：壮年蹉跎

第三章

入仕方知行路难

第一节 玉肌铅粉傲秋霜——初入仕途

苏文熟，吃羊肉；苏文生，吃菜羹。

苏轼在制科考试中一举成名，其文章也被京师学子们争相传抄。二十多岁的苏轼，也从"名满汴梁"成功跃升到了"名震京师"。在汴梁，甚至还流传着不少关于苏轼的童谣，可见其影响力的深远。

当时，欧阳修在状元楼为苏轼和苏辙庆贺，汴梁城的不少名流高官都来赴宴，为苏家兄弟捧场。一时间，苏轼、苏辙风光无两，令人侧目。

不过，在众多名流中，有一个人很看不上苏轼、苏辙两兄弟，这个人是谁呢？他就是我们前面提到的，包拯包青天的副手之一——王安石。苏轼名震京师后，王安石也看了苏家兄弟策论的卷子。看完后，王安石便皱起了眉头，扬言如果自己是考官，绝对不会录用苏家兄弟中的任何一人。在王安石看来，苏轼、苏辙就像两个纵横家，苏轼在策论中虚构典故，苏辙则故意卖弄自己正直的一面，其目的都是为了升官发财罢了。

好在王安石并非考官，苏轼、苏辙才有了出头之日。不过，这并不能消除王安石对苏家兄弟的不喜。当时，王安石的职位是翰林学士知制诰，专门负责起草皇帝的各种诏命。朝廷对苏家兄弟已经做出了明确安排：苏轼被授予大理寺评事衔，签书凤翔府判官；苏辙被授予秘书省校书郎，充任商州推官。可是，王安石却不肯为苏辙书写委任状，导致苏辙不能与哥哥苏轼一同前往关中。而且，这件事一拖再拖，最终，苏轼只好独自启程，赶赴凤翔就任。

人生到处知何似？应似飞鸿踏雪泥。

泥上偶然留指爪，鸿飞那复计东西。

老僧已死成新塔，坏壁无由见旧题。

往日崎岖还记否，路长人困蹇驴嘶。

（《和子由渑池怀旧》）

嘉祐六年的十一月，苏辙仍未得到王安石起草的诏书，无奈，他只能骑马送苏轼一家远行。苏辙从开封一路送到了郑州，最后在兄嫂的劝说之下，他才依依不舍地掉转马头，回了汴梁继续待诏。此时已是深秋寒月，苏轼正准备施展一番拳脚，而苏辙却仍需厚积薄发，以待来日。

花开两朵，各表一枝。这边苏辙在京师待诏，那边苏轼一家已到了关中。凤翔此地，并不如其名一般繁华美好。相反，此处比之汴梁，目所能及之处都是一片破败萧条。这个在大唐扼守长安的重地，在北宋不过是边陲之地。苏轼不但要面对凤翔的内政，还要面对北宋的两大敌人——辽国和西夏。

不过，苏轼对虎视眈眈的辽国和西夏并不在意，他虽是文官，但却相当侠肝义胆。眼下，他初入仕途，只想为国为民做些事情，以不负平生之鸿愿。

时任凤翔府太守的人名叫宋选。宋选为人和善，且久慕苏轼才名。他虽然是苏轼的上司，但对苏轼十分友善，苏轼提出的各项建议他都相当支持。在宋选的帮助下，苏轼为凤翔百姓做了不少大事。当时，凤翔县每年都要向汴梁运送终南山的竹木，而押送竹木的工作，都是由当地无偿服役的百姓来做。从凤翔到京师，运竹木必途经三门峡。三门峡水流湍急，极易翻船，稍不留神，便会有货毁人亡的风险。令人心寒的是，如果民夫死亡，民夫的家属不但失去了"顶梁柱"，还要向官府赔偿竹木钱。时间一长，凤翔百姓怨声载道，苏轼亦为之不忍。

经过一番调查，苏轼惊讶地发现，这件"衙前弊役"不光是天灾，还有人祸。为了牟利，官府不少差役故意让民夫在河水暴涨时期押送竹木，民夫溺亡，差役们便向百姓讨要赔偿。苏轼十分气愤，便建议宋选重新修订衙规，让民夫能自由选择运送时间。如此一来，"衙前弊役"造成的惨剧便大大减少了。

后来，苏轼又针对凤翔当地的实际情况，专门给韩琦上书，希望他能放宽管制，让百姓得以休养生息。同时，苏轼还主张减免地方百姓的赋税，并核查冤假错案，缓解百姓和政府之间的矛盾。

更令人感动的是，凤翔曾闹过旱灾，百姓为收成焦虑不已，苏轼亦心急如焚。为了求来甘霖，苏轼特意登太白山求雨。没想到，苏轼刚祈祷完毕，凤翔就迎来了一场瓢泼大雨。为此，苏轼还专门写了一篇《喜雨亭记》，以此记录自己的欢欣。

是岁之春，雨麦于岐山之阳，其占为有年。既而弥月不雨，民方以为忧。越三月，乙卯乃雨，甲子又雨，民以为未足。丁卯大雨，三日乃止。官吏相与庆于庭，商贾相与歌于市，农夫相与忭于野，

忧者以喜，病者以愈，而吾亭适成……（《喜雨亭记》）

在苏轼的努力下，凤翔竟真如多年未曾振翅的凤凰一般，呈现出扶摇直上九万里的繁荣景象，而苏轼也因此被当地百姓亲切地称为"苏贤良"。

不过，苏轼还没来得及享受这平静却欢欣的生活，对苏轼百般宽容和支持的宋选便离任了。苏轼新的上司名叫陈公弼，字希亮。此人原是眉州青神县人士，与苏轼的祖父苏序曾有交情，且一直将苏洵看作自己的后人。于情于理，陈公弼都应看在苏序和苏洵的面子上，对苏轼多加照拂。可是，这位陈公弼原本是军人出身，立过战功，他本来就待人严苛，碰上苏轼，他便更加严苛了。

陈公弼走马上任，来到凤翔，第一件事便是禁止大家再叫苏轼"苏贤良"。当时，苏轼只有二十七岁，他依靠才华，前半生过得十分顺遂，就连皇帝都对他青睐有加。这位陈公弼虽与苏序、苏洵有交情，但也实在太过严厉，惹得苏轼十分不快。

有一次，官府的一个差役因苏轼几次三番为民请命，一时失言又叫了"苏贤良"，陈公弼竟发起怒来，还命人将这个差役拖下去打了二十板子，并强调"苏轼是府判官，没有什么贤良不贤良的"。这件事一出，差役们纷纷住了口，再不敢吹捧苏轼了。

在陈公弼的吹毛求疵下，苏轼只觉得自己过得十分艰难。他拟好的公文，陈公弼也要指手画脚，在鸡蛋里面挑骨头。他为国为民的建议，陈公弼也不知道驳回了多少条。时间一长，年轻气盛的苏轼便有了怨言。想当年，自己尚未入仕之时，那些庙堂宰辅、江湖名流便捧着自己，顺着自己。如今，这陈公弼竟然如此挑剔！

苏轼心里有了气，便故意对陈公弼不尊敬了。中元节那日，论理苏轼应当去知府厅拜会。可是，苏轼故意不去，让陈公弼十分生气。陈公弼抓住这点上书朝廷，称苏轼此举有失礼仪，铁证如山，皇帝也不能偏袒苏轼。于是，苏轼被罚了八斤铜以示惩戒。

后来，苏轼与陈公弼之间的恩怨再次升级。陈公弼在官衙后院修了一座精美的亭台，并命名为"凌虚台"。陈公弼十分满意，便让苏轼为此台写一篇碑记。苏轼一直看陈公弼不顺眼，但陈公弼毕竟是自己上司，他不能驳回上司的要求。于是，苏轼就充分发挥了自己文官的天赋，写了一篇含沙射影、指桑骂槐的碑记。

苏轼在碑记中称，这凌虚台四周有秦穆公所修建的祈年殿和橐泉宫，还有汉武帝修建的长杨宫和五柞宫，甚至还有隋文帝修建的仁寿宫和唐太宗修建的九成宫。如今，这些宫殿都随历史灰飞烟灭了，更别提你陈公弼所修的凌虚台了。

这篇碑记饱含讥讽，可陈公弼看完不但没有生气，反而命人一字不落地将其刻在石碑上。面对刻好的石碑，苏轼内心闪过一丝复杂的情绪。或许，陈公弼并不像表面那样讨厌自己？抑或者，自己确实有不足之处，所以才引来陈公弼的吹毛求疵？客观的种子在苏轼内心发了芽，从此，他才真正尝试理解起自己的这位上司。

经过一番了解，苏轼发现，陈公弼不仅在文学上有所建树，而且对天下苍生亦怀着一颗悲悯之心。他为人刚正不阿，从不徇私枉法。他不怕得罪权贵，只愿还这世间一片清朗。当苏轼拼凑出一个完整的陈公弼时，才发现对方一直都站在一个常人无法企及的高度。

多年后，陈公弼溘然离世，苏轼看到讣告后不由得怅然若失。他提起笔来，在纸上挥洒了一篇三千字的《陈公弼传》，并在其间倾诉了自己的情感。

方是时，年少气盛，愚不更事，屡与公争议，至形于言色，已而悔之。（《陈公弼传》）

或许，这便是苏轼对这位可敬老者愧悔与敬慕之心的最好体现吧。

第二节 郁郁城之麓——初显端倪的暗流

"金柳摇风树树，系彩舫龙舟遥岸。千步虹桥，参差雁齿，直趋水殿。"在宋仁宗的治理下，北宋展现出一派生机勃勃的景象。然而，好景不长，嘉祐八年（1063）三月十九日，宋仁宗赵祯驾崩，享年五十四岁。至此，北宋从"仁宗盛世"过渡到了"变法之时"。苏轼等人，也在这股暗流之中迎来了各自不同的命运。

世人常说，宋仁宗是北宋难得的贤明君主。因为宋仁宗有容人之量，且敢于任用有才华的臣子。虽然北宋在宋仁宗的手里一度风雨飘摇，但接力棒传到下一任皇帝手中时，北宋江山还算相对稳定。

宋仁宗无子嗣，不过，他有一位名叫赵曙的养子。仁宗驾崩之后，韩琦等人便拥护这位养子继任了帝位，是为宋英宗。英宗即位的第二年，也就是治平元年（1064），苏轼还在凤翔县跟陈公弼较着劲。那段时间，他无法排解内心的不满，便经常与弟弟苏辙互通书信，诉说自己的境遇以及对家人的思念之情。

原本，苏辙被仁宗皇帝授予了官职，要前往商州赴任。商州离凤翔不远，兄弟二人也可时常叙叙手足之情。可这件事被王安石一拖再拖，半年之后，苏辙干脆放弃了希望，留在汴梁安心侍奉父亲苏洵了。而对苏轼来说，家中有苏辙照看，自己也略略得以放心一些。

既然不能在商州与苏辙一见，苏轼便决定去寻其他好友。果然，他在机缘巧合之下，与时任商州县令的章惇有了往来。

这位章惇是建宁浦城（今福建浦城）人，字子厚，此人在当时并不算出名。不过，提到他的族侄章衡，却是与苏轼有些渊源。前面提到，这章衡与章惇一样，都跟苏轼同为嘉祐二年的进士。可是，族侄章衡拔得头筹，拿了当年的头名。章惇比章衡年幼，但他一直自诩是章衡族叔，如今侄子压了自己一头，怎能让章惇甘心屈从呢？于是，章惇在放榜之后拒绝了朝廷的授衔，转而回家复读备考，最终在两年后拿到了殿试第五名的好成绩。

有此渊源，苏轼来到商州后，章惇自然迫不及待地与苏轼相见。苏轼与章惇彼此欣赏，互引为知己，治平元年的正月，苏轼与章惇还共同游历了南山诸寺。

根据当地人的说法，南山诸寺在晚间有山鬼作祟，所以方圆百里无人敢在夜晚留宿寺中。章惇听闻此事并不在意，反而拉着苏轼接连住了几个晚上。后来，商州地界的人们口耳相传，不称南山诸寺无鬼，反而称山鬼惧怕章惇，故而不敢现身。

山里有一处名叫仙游潭的地方，这里只有一座独木桥，两侧则是绝壁。如果踏上独木桥，稍有不慎，桥上之人便会落入万丈深渊，粉身碎骨。章惇请苏轼过潭，苏轼连连推脱，可章惇却信步走过独木桥，他还寻了一条绳索系在身上，在石壁上题写了"章惇苏轼来游"六个字，让苏轼惊叹不已。

后来，章惇与苏轼一同策马游山，路上偶遇一只猛虎。章惇与苏轼的马匹俱受惊吓，可章惇却丝毫不惧，反而拿出一面黄澄澄的铜锣，摔在山石上。霎时间锣声大震，老虎受惊，仓皇而逃。自此，苏轼便更加敬佩章惇了。

不过，此时的苏轼无论如何也想不到，眼前这位"艺高人胆大"的好友，未来某一天会给予自己沉重的一击。事实上，苏轼此刻也无暇多想，因为他签判凤翔的三年之期已满，按照北宋的规定，苏轼也该回汴梁述职了。

治平二年（1065），宋英宗听闻苏轼要回汴梁述职，不由得大喜过望。早在英宗做皇子时，他就听闻过苏轼的才名。如今苏轼得以回京，又怎能不让英宗欣喜万分呢？英宗立刻决定，要让苏轼进入翰林院，担任为自己起草诏命的知制诰，就像当年为仁宗皇帝担任知制诰的王安石一样。

可是，英宗这个决定却招来了韩琦的反对。彼时，韩琦已经是一朝宰相了。韩琦听说此事后，忙劝英宗不要授予苏轼这个官职，而韩琦的理由似乎也颇有道理。他说，苏轼的确颇有才名，但如果骤然获得天子近臣的职位，恐怕会引来朝臣的非议，这样反而对苏轼今后的仕途不利。

听完韩琦的话，宋英宗也无话可说，于是又想让苏轼去编修皇帝的起居注。可是，韩琦仍然不愿将能长久与天子接触的职位授予苏轼，他提出让苏轼参加考试，如果确有真才实学再行授官，这样才能让天下信服。面对韩琦的再三建议，宋英宗也不好驳回，于是便同意了。

不过，苏轼并不惧考验，经过一番折腾，苏轼还是通过了考察，并再次名列第三等。此时，就算是韩琦再想阻挠也无话可说了。最终，在韩琦的建议下，苏轼被派去校对藏书了。

那么，为什么韩琦要再三阻挠苏轼进入朝廷中枢，成为天子的近臣呢？按照韩琦自己的解释，他是想让苏轼承担压力、积累经验，可是，将苏轼派去校对藏书，对苏轼又能起到什么锻炼效果呢？这不得不说是一个谜。

其实，若纵观历史或从韩琦本人的性格分析，这件事也很好理解。韩琦确实欣赏苏轼，但这并不妨碍韩琦打压苏轼。归根结底，这还是因为苏轼跟韩琦的政见不一致。早年的韩琦敏感地察觉到皇帝对宰执不满，于是便替皇帝发言，弹劾宰相在其位不谋其政，最终取得了"片纸落去四宰执"的成绩。再后来，他也的确做了很多好事，比如开垦荒地、抵御西夏、惩治贪污、均定赋税、两次定策等，但他唯一不会做的，就是对自己的政敌手软，哪怕这个政敌曾是自己的同僚好友。

是的，韩琦与苏轼政见不合，这件事早就是有迹可循。想当年苏家父子进汴梁时，苏洵就曾拜谒过韩琦。当时，苏洵的政见是扭转贪腐舞弊之风，就必须动用雷霆手段，一定要斩几个贪官污吏，才能震慑朝廷上下，才能让风气清朗。可是，北宋一贯作风是不斩文臣，而韩琦也是贯彻"以和为贵"的保守派。他虽然称赞了苏洵的才干，但却对苏洵的政见并不苟同。

彼时，韩琦对苏轼、苏辙两兄弟非常欣赏，制科考试时，他还为了生病的苏辙，请仁宗皇帝将考试时间延后二十日。可后来，苏轼到凤翔之后，连着给韩琦上了两篇策论——一篇是《上韩魏公论场务书》，另一篇是《思治论》——韩琦却置之不理，根本没有采纳。这两篇策论都是剖析嘉祐年间政治弊端的好文章，但恰好与韩琦的政见相悖，于是，它们便这样石沉大海了。

后来，西夏入侵，韩琦下令在陕西所有民户里"三丁抽一"，组成十四万义勇兵丁戍守西北。彼时，苏轼作为判官，恰好负责执行韩琦"抓壮丁"的命令。苏轼亲眼看见百姓哭声载道的悲惨场面，自此，他也对韩琦的政见有所不满了。

苏轼是什么人？那是有话必讲，有言必谏的性格。若要让他当了知制诰，那我韩琦岂不是给自己找了个唱对台戏的狠角色吗？既然如此，倒不如将苏轼打发去管理藏书，这样既能雪藏了苏轼，又能不动声色地消灭一个政敌，如此一举两得，方才符合自己的"人设"呀。

　　想到此处，韩琦必定对自己的智慧十分满意。可是，此时的韩琦并不知道，他根本不需要打压苏轼，因为在不久之后，苏轼就会因为一个突发事件再次打道回府。这究竟是什么事件，能让苏轼不得不放弃自己在汴梁的官职呢？让我们继续往下看。

第三节　月有阴晴圆缺——妻亡父逝的悲剧

"十年生死两茫茫，不思量，自难忘。"十年后的苏轼写下这首词时，我们并不知道他怀抱的究竟是怎样的心情，这字里行间透露出的哀伤，究竟是随着时间逐渐消散，还是随着时间越酿越浓？我们只知道，眼下的苏轼正为王弗的身体焦虑万分。

治平元年，苏轼在凤翔县任期满，宋英宗迫不及待地召他回汴梁。当时接近年底，凤翔在关中地区，寒风刺骨，朔风千里，连日的雨夹雪让本就体弱的王弗更加苦不堪言。

"忆弟泪如云不散，望乡心与雁南飞。"苏轼归心似箭，迫切想与苏辙见上一面。可是，妻子王弗这一病，让苏轼不得不推迟了归期。

十六岁那年，王弗嫁给苏轼，十九岁时，王弗诞下一子，名曰苏迈。其后，本就体弱的王弗变得更加羸弱不堪。苏轼为王弗推迟归期，王弗却深知苏轼渴望去汴梁面见父亲兄弟、渴望去宫里面见英宗并建功立业的心。苏轼不愿启程，王弗便时时劝说。她为了掩盖病容，特意敷上了浓艳的脂粉，她为了让苏轼放心，便大口吃饭，快步行走。在王弗的催促下，苏轼信以为真，这才决定动身前往汴梁。

可是，王弗此举，对她自己的身子来说无异于雪上加霜。一行人风餐露宿，泥泞的道路和连日雨雪，简直让汴梁望不到头。来到华阴县时，苏轼停下了车马，让王弗和苏迈可以稍作休息。此时的王弗，想必本人亦有感应，自己的时日怕是不多了。

苏轼一路提心吊胆，终于，他们回到了汴梁城，回到了这个梦的起点。苏轼一到汴梁就忙着请大夫为王弗诊治，可王弗坚持要先回家，见过苏辙、苏洵等人再说。无奈，苏轼也只能遵从。到了家，苏轼与苏辙兄弟相见，忍不住抱头痛哭起来。再见年迈的老父亲苏洵，苏轼不由得更加吃惊。原来，苏洵身体每况愈下，此时的他，身体状况并不比王弗强多少。

或许是见公公形容枯槁，她迫不及待地想尽孝侍奉，或许是为了让苏轼能安心去登闻鼓院任职，总之，王弗在汴梁仅仅将息了半个月，便起身打理起家中琐事来。在王弗的照顾下，苏轼度过了他与王弗最后一段短暂的温馨时光。治平二年五月二十八日，王弗的身子终于支撑不住了。在苏轼的无限眷恋中，王弗永远合上了双眼。

"书中光阴短，山间岁月长。"人生更迭，不过黄粱一梦。有时候，人们尚来不及将自己最好的结果奉与眼前人，眼前人便已如云烟消散在山水亭台的草木间。"十年生死两茫茫，不思量，自难忘。"如果天上有相逢，也恐怕彼此容颜已换，最终也再难如那年岁月静好，小轩窗，正梳妆。

王弗贤良温婉，聪慧静好，她陪伴了苏轼多个春秋，亦共度了不少霜雪。当年苏轼寒窗苦读，一心扑在天下苍生上，却独独忽略了身边幽谷芝兰、典雅秀丽的王弗。如今，苏轼置身偌大的汴梁，可这车水马龙不是他的归宿，他已经失去了他的花飞月落，失去了他的"春风温润，物好时丰"。

然而，命运对苏轼的恶意，并不仅仅在于夺走了他的母亲和妻子。仅仅过了不到一年光景，也就是治平三年（1066）的四月二十五日，苏老泉亦在苏轼和苏辙的簇拥下溘然离世。短短一年时间，苏轼先后失去了爱妻和慈父。不过，对于苏洵而言，没有看见苏轼、苏辙成就一番事业虽然有所遗憾，但想到程氏和长子景先，或许苏洵亦会生出归去来兮之念。

当年，苏洵带着苏轼、苏辙进汴梁赶考，这场考试苏洵并没有参加，但他的两个儿子初次应考，便轻而易举地达成了他多年的夙愿。有人曾问苏洵，当时得知这一消息时，他究竟怀抱着怎样的心情。苏洵五味杂陈地吟了首诗："莫道登科易，老夫如登天。莫道登科难，小儿如拾芥。"前一句，苏洵感慨良多，后一句，他则衍生出了无限骄傲。

养子如苏轼、苏辙，这是一件多么令人自豪的事情啊！自己又怎能输给两个儿子呢？嘉祐六年，苏洵成了霸州文安县的主簿。治平三年，苏洵与人合修了一百卷《太常因革礼》，而后功成身退，永远闭上了双目。

苏洵离世后，"自天子辅臣至闾巷之士，皆闻而哀之。"宋英宗追赠苏洵光禄寺丞，并让苏轼、苏辙护送苏洵、王弗的灵柩回归故里。这一次，苏轼、苏辙两兄弟又要进行为期二十七个月的居丧。不过，这件事对他们来说并非坏事，因为此时远在汴梁城的朝堂之上，亦是山雨欲来风满楼。

治平四年（1067），对苏轼青眼有加的宋英宗赵曙因病逝世。皇子赵顼被立为皇帝，是为宋神宗。宋神宗即位那年不过十九岁的年纪，他改元熙宁，迫切想做出一些可以光宗耀祖、流芳后世的成绩。

十九岁的宋神宗年少无惧，这也让他格外疾恶如仇，迫不及待地想进行改革。当时，北宋的北部有辽国侵占着燕云十六州，时不时进犯中原；西北有西夏李氏，对北宋土地虎视眈眈。宋神宗想做的第一件事，便是收复失地，横扫辽国与西夏。

可是，宋神宗手下的大臣大多是仁宗皇帝时期的老臣，这些老臣子与这位年轻的小皇帝想法却背道而驰。仁宗时期，北宋朝廷因循守旧、粉饰虚张，造成了官员们不思进取、互相攻击的现象，这让宋神宗恼怒不已。

回头看看，当年推行"庆历新政"的那些宿臣元老韩琦、富弼、欧阳修，都是垂垂老矣，早失去了年轻时意气风发的斗志。此时的宋神宗，迫切需要几位有勇气除旧布新的年轻才俊，与自己共同完成北宋的改革大业。

经过一番筛选和视察，最终，宋神宗将目光放在了王安石和司马光这两个人身上。

第四节　天容海色本澄清——忧天下之心

"参横斗转欲三更，苦雨终风也解晴。云散月明谁点缀？天容海色本澄清。空余鲁叟乘桴意，粗识轩辕奏乐声。九死南荒吾不恨，兹游奇绝冠平生。"就在苏轼回归汴梁，渴望做出一番事业时，他的妻子与父亲却相继离世。

无奈，满怀悲痛的苏轼和苏辙只能回归眉州，将王弗与苏洵的棺椁下葬眉山，与程夫人葬在一处。此时的他，纵有万般报效国家之心，也不得不暂时归隐山林，等待来日。

就在苏轼、苏辙在家丁忧之际，远在汴梁的宋神宗迫不及待地开始了自己的改革大业。当时，他把目光盯在了两个人身上，这两个人恰好都做过包拯的副手，也或多或少地跟苏家父子有些渊源。他们是谁呢？答案就是王安石和司马光。

彼时的宋神宗，正面临着"三冗""两积"的烦恼。所谓"三冗"，就是"冗兵""冗官""冗费"，说得直白一些，就是北宋官员兵勇所造成的不必要开支太多了，朝廷已经快拿不出钱来养他们了。这"三冗"直接造成了"两积"的后果，所谓"两积"，就是"积贫"和"积弱"。

其实，解决"三冗"问题也不难，归根结底就是解决财政问题。

但是，在这个问题上，王安石和司马光的政见却完全相反。

先说司马光，司马光虽然年轻，但在行为上属于保守派，他劝神宗皇帝节省开支，慢慢攒钱。钱嘛，只要愿意攒，总有一天能攒够的。而王安石呢，相比节流，他更愿意开源。但是，他不希望通过加税的方式让国库充盈，他觉得只要学会理财，就能让钱慢慢多起来。

神宗年富力强，做事喜欢速成，相比司马光，自然是王安石更符合他的心意。不过，对于王安石的说法，神宗皇帝和司马光倒是都秉持了怀疑态度。司马光认为，所谓理财不过就是变个花样横征暴敛，最后倒霉的还是老百姓。可神宗皇帝不愿意接受司马光的建议，所以，即便他对王安石有所怀疑，但还是倾向于依靠王安石快速地让北宋朝局焕然一新。

如果苏轼在场，他一定会毫不犹豫地反驳王安石，别的不谈，光说王安石"变着法儿地理财"这一条，就足够成为苏轼反对的理由。苏轼在凤翔做判官时，深切地了解过民间百姓的生活状况，但凡损害百姓的利益，那苏轼绝对是一万个不同意。更何况，王安石曾经还做过苏辙上任的绊脚石，这新仇旧恨加在一起，苏轼又怎会让王安石得逞？

不过，此时的苏轼也无暇顾及朝局的诡谲。纵然他与王安石一样，都有一颗忧天下之心，但此时的他远在眉州老家丁忧，对京城那些事儿实在是鞭长莫及。当然，这也是苏轼幸运的地方，他没有在变法的一开始就与王安石硬碰，也就不至于像司马光一般，早早失去神宗皇帝的圣心。

熙宁二年（1069）二月，宋神宗排除了司马光，将王安石提拔为参知政事。这一举动，也相当于明确告知众人，王安石就是新政变法的操盘人了。也正是同年，归乡许久的苏轼、苏辙两兄弟重新回到汴梁城，准备一展拳脚。可是，就在上朝的第一天，苏轼便敏锐地嗅到北宋朝廷已然变了天。

此时，苏轼要面对的不仅是喜怒难料的新君，还有与自己有所过节的掌权人——王安石。苏轼看见王安石，心里就涌起一阵浓浓的不快。要知道，王安石不仅跟苏辙有仇，跟自己的父亲苏洵更是有过一段渊源。

当年，欧阳修十分欣赏苏洵，便将他介绍给王安石认识。王安石对苏洵并未表现出敌意，可苏洵观察王安石的面相并举止，就断言王安石以后必会成为北宋的祸患。回到家后，苏洵还专门写了一篇《辨奸论》，用来抨击王安石。

事有必至，理有固然。惟天下之静者，乃能见微而知著。月晕而风，础润而雨，人人知之。人事之推移，理势之相因，其疏阔而难知，变化而不可测者，孰与天地阴阳之事。而贤者有不知，其故何也？好恶乱其中，而利害夺其外也……（《辨奸论》）

苏洵开篇便说，人想预测风云本身就是一件难事，但想预测一个人的好坏，则比预测天气更难。因为刮风下雨好歹还有个征兆，但人却很擅长伪装，令大家忠奸难辨。自古以来大奸似忠，大伪似真，而王安石，就是一个令人难辨忠奸的真小人。

当然，苏洵并没有直接点王安石的名字，而是利用了两个典故。"夫面垢不忘洗，衣垢不忘浣，此人之至情也。今也不然，衣臣虏之衣，食犬彘之食，囚首丧面而谈诗书，此岂其情也哉？凡事之不近人情者，鲜不为大奸慝，竖刁、易牙、开方是也。"这里的"衣臣虏之衣"和"食犬彘之食"，就是王安石的两件趣事。

王安石其人十分不在意外表，他经常不洗脸，也不换衣服，跟崇尚风雅的大宋士子们简直是格格不入。而且，他也十分不在意饮食。有一次，宋仁宗宴请群臣，王安石也受邀前来。当时，仁宗和一些臣子在内院钓鱼，谁知，王安石想事情入了迷，竟然无意识地将桌上的鱼饵都吃光了，令在场众人十分惊奇。当时，仁宗皇帝表露不快，就对臣子们说道："王安石若误吃了一粒鱼饵，那还算说得过去。可哪有人把整整一盘子鱼饵都吃掉，却毫不发觉的道理？可见，王安石是个伪君子，他不过是故意在我面前作秀，想博取我的注意而已。"

苏洵在《辨奸论》里用"衣臣虏之衣"和"食犬彘之食"这两个典故，明眼人就都知道他是在嘲讽王安石是伪君子了。不过，且不论这篇《辨奸论》究竟是否为苏洵所写，苏轼、苏辙跟王安石的恩怨也是昭然若揭的了。但即便苏轼、苏辙与王安石有私怨，他们兄弟二人也不得不承认王安石在改革方面的确雷厉风行。

其实早年间，苏轼的偶像范仲淹就想过解决"三冗"问题。但那个时候，范仲淹解决"冗官"的建议是精简官员，解决"冗费"的办法就是削减支出，解决"冗兵"的办法就是裁撤军队。庆历年间，范仲淹还上陈了十条改革办法，可最后还是不了了之了。

为什么？因为这些办法都阻碍了当权者的利益！

就拿"冗官"来说吧。

对高官宰辅来说——我们朋友门生遍天下，我都到这个位置了，还不能提携提携亲朋好友吗？我不得应付应付人情往来吗？你范仲淹此举，不仅是断了我的财路，更是断了我的社交之路啊。

对普通官员来说——我们好不容易爬到了这个位置，享受了国家的良好待遇，你范仲淹一句话就把大家给撤掉了，那我们头十几二十年的努力合着都白费了？我们给高官名流的银子都白花了？谁来赔我们的青春？谁来赔我们的损失？

所以，大大小小的官员都不愿意实行。在"民意"面前，皇帝就算想采纳范仲淹的建议，他也不能冒这个得罪所有官员的风险。王安石变法也是如此，因为既得利益过于强大，他就算有万千手段，面对不愿意配合的众人，也只能是孤掌难鸣。

在这样的背景下，且不说王安石"理财"的办法有多巧妙，光凭借王安石不为众人所动，毅然决然地响应神宗皇帝渴望变法的魄力来说，也足够让人钦佩了。

那么，王安石究竟用了什么办法进行改革？苏轼又是如何响应这些改革方法的呢？让我们继续往下探究。

第五节 天有不测风云——波云诡谲的变法风波

为了让王安石没有掣肘地便宜行事，宋神宗咬了咬牙，专门为他设立了一个全新的部门，名叫"制置三司条例司"，简称"条例司"。熙宁二年的七月，王安石的变法行动轰轰烈烈地开展了。

第一个让苏轼陷入沉思的就是农田水利法。王安石亲自接见了全国各地的水利专家，他不但在各地兴修水利，还号召百姓开垦荒地，灌溉农田。对于了解民间疾苦的苏轼来说，这一个是无可反驳的好办法。

紧接着，王安石又提出了让苏轼非常欣赏的"免役法"。之前，北宋一直推行"差役法"，意思是老百姓要无偿给朝廷提供劳动力。比如苏轼在凤翔时，那些运送竹木的民夫就是服行了"差役法"。而王安石的"免役法"则是告诉百姓，只要他们缴纳一笔钱就可以不必服役，政府会用这笔钱另外雇人。

接下来是"青苗法"，意思是政府在青黄不接的时候，会给老百姓发放粮食和银钱，让老百姓购买种子和粮食。收获之后，老百姓再拿出一部分额外补偿政府。对百姓来说，他们能少缴纳粮食银钱，对于政府来说，这也是一笔不小的收入。

总之，这三个办法在推行之前，都让苏轼觉得无甚问题。起码从表面上看，这三点都是对老百姓有利的好办法。然而，这三个办法到了实践环节，立刻就变得弊病丛生了。归根结底，这还是与王安石的性格分不开。

原来，王安石知道阳奉阴违是官场中非常常见的现象，他为了避免官员敷衍自己，特意将青苗法当作考核官员业绩的标准。这就造成了这样一种现象：一些官员为了提高业绩，强行让下面的农民"贷款"。到了后期，这种情况愈演愈烈，基本每个百姓都莫名其妙地欠了朝廷一大笔银子。

而且，在发放环节，一些地方官还会趁机将发霉变质的粮食放给农民，但收取"利息"时，他们却要农民手中的新粮。长此以往，百姓更加民不聊生，北宋的风气也变得越来越坏。

爱民如子的苏轼看在眼里，急在心上，此时，就算他再认同王安石的初衷也无济于事了。当务之急，苏轼就是要劝阻神宗皇帝继续执行新政，这样才能救民于当下。

在苏轼、苏辙、司马光等人的努力下，神宗朝廷逐渐分成了两派势力。其中一派势力，是支持神宗皇帝与王安石的新党；另一派势力，则是反对王安石变法的旧党。就这样，历史上著名的"新旧党争"拉开了序幕。

有趣的是，除了苏轼之外，与苏轼、苏辙同为嘉祐二年龙虎榜的青年才俊们，绝大多数也被卷入了这场党政之中。比如当年考进士时，取得头甲好成绩的学霸吕惠卿，他早早就与王安石相交，而且非常敬佩王安石的为人，他理所当然地成了新党的核心人物。当年，王安石在变法之初，头一件事就是推荐吕惠卿进入了条例司，专门担任检详文字的职务。

除了吕惠卿外，章惇也成了王安石的左膀右臂。苏轼在凤翔时，曾与章惇互引为知己。可是，在推行新政这件事上，章惇与苏轼却走了完全相反的两条路。在汴梁赴任后，章惇被人引荐给了王安石。二人高谈阔论一番后，章惇竟然让王安石生出了相见恨晚之感。章惇与王安石一拍即合，成了新党的核心骨干。

还有王韶，他早在熙宁元年就给皇帝上了《平戎策》三篇，而他的政见，恰好与渴望治理"冗兵"的王安石不谋而合。当时，朝廷还奉行着"多一事不如少一事"的原则，王韶虽有报国之心，但却无用武之地。于是，他毅然站在了新党一方，帮助王安石在秦州一带实行市易法，以此实现自己的抱负。

还有曾布，他也是王安石新政的坚定拥护者。王安石变法条例一出，简直与曾布的想法不谋而合！后来，韩琦上书指责王安石变法的危害，甚至动摇了神宗皇帝的决心。正是曾布连夜写了一篇反对韩琦的奏疏，这才挽回了神宗皇帝的心。

除了以上四位之外，邓绾、蔡确，以及《梦溪笔谈》的作者沈括，都是王安石新政变法中的重要角色。

当然，新党一边虎踞龙盘、才俊颇多，旧党这边自然也不遑多让。旧党的元老级人物当属韩琦、富弼和欧阳修。不过，这三个人在熙宁年间都已经是垂垂老矣的人，他们虽然有巨大的影响力，但对朝局的把控却已经是力不从心。除了三位元老，旧党的领头人当是与王安石同一时期的司马光。而司马光的左膀右臂，则是吕公著、范纯仁等人。

至于其他年轻有为的后生才俊，比如程颐、张载等人，他们都与王安石私交很好。虽然在政见上，他们并不苟同王安石，但这些人也不会抨击新党，做出损害王安石等人的事来。

在新党、旧党这些人中，苏轼的弟弟苏辙算是一个比较矛盾的人物。从私交层面看，他简直算得上王安石的仇敌，可从政见来看，苏辙原本就是个变法派。只是他心目中的变法之法，与王安石等人大相径庭罢了。

当年同哥哥苏轼刚回京时，苏辙便给宋神宗上了一道奏疏。这道奏疏表达了苏辙对"三冗"的看法，也表达了苏辙希望变法的立场。于是，神宗皇帝不顾王安石的反对，直接将苏辙安排进了王安石的条例司里，而且还让他担任了检详官这一重要角色。

不过，在制定青苗法时，苏辙公开反对王安石，还将青苗法隐藏的弊端摆在明面上，让王安石再三斟酌。谁知，王安石明知青苗法尚不成熟，但仍然强行推行了这条办法。苏辙眼见无可挽回，便自请离开条例司，前往洛阳担任河南府推事。

与弟弟苏辙不同，苏轼早在凤翔任职的时候，就给韩琦上过《思治论》。可是，当王安石那一条条充满矛盾、充满漏洞的改革办法出现后，苏轼便毫不犹豫地舍弃了新党。与其让老百姓在新政中民不聊生，倒不如缓缓而治，这样对百姓的伤害或许还会小些！

不过，即便是如此，苏轼依然没有跳出来公开反对王安石。倒是王安石，他见苏轼的弟弟苏辙，苏轼的恩师欧阳修，苏轼的恩公韩琦、富弼、文彦博等都是旧党，便理所当然地将苏轼也划在了政敌一方。

当初，苏辙反对王安石的青苗法，自请离开条例司后，神宗皇帝就想让苏轼接替苏辙，继续担任检详官一职。谁知，王安石立马跳出来反对，而且反对的理由还是"苏家兄弟皆为纵横家之流，只会卖弄唇舌，不堪大用"。面对王安石的"耿直"，神宗皇帝也没有办法，只得打消了提拔苏轼的念头。

当时，恰好王安石向神宗皇帝建议改革科举，取消进士考试的诗赋一项，只考策论与经义，苏轼当时的职衔是"直史馆"，有资格向皇帝发表自己的看法。于是，他上了一篇《议学校贡举状》，直言废诗赋、改策论纯属是多此一举。神宗喜欢苏轼的文采，便召见了他，询问他关于新政的看法。苏轼只说了"求治太速，进人太锐，听言太广"，希望神宗皇帝可以控制速度，避免欲速而不达。

神宗觉得苏轼很有才华，便提出想让苏轼修中书条例。谁知，此事传到了王安石耳中，他立刻阻止了神宗，坚决不让苏轼有一丝一毫获得升迁的可能。就这样，苏轼与王安石彻底决裂了。

当年秋天，苏轼在国子监当考官，他为了引起朝廷的重视，特意发了一篇关于"独断专任"的策问。此题目被王安石看到后，王安石立刻意识到，苏轼这是在嘲讽自己独断蛮横，还要让国子监的学子们也站在旧党一方。于是，他立刻让吕惠卿做了熙宁三年（1070）三月进士考试的主考官。

彼时，有一位名叫叶祖洽的学子，他写了一篇专门为王安石歌功颂德的策论。苏轼作为当次考试的编排官，便希望此篇策论落选，以此打压王安石的气焰。可主考官吕惠卿看到这篇文章后，立刻借机炒作了一番，还让这位叶祖洽成了钦点的状元郎。

终于，苏轼再也忍不住，公然站在了新党的对立面，向王安石"宣战"了。

第六节　从公已觉十年迟——一条不好走的路

新党一方的咄咄逼人，让苏轼终于站在了变法的对立面。表明立场后，苏轼立刻给神宗上了一篇《拟进士对御试策》。

"必畏天，必从众，必法祖宗。"这篇《拟进士对御试策》告诉神宗，这个"投机小人"叶祖洽若被提拔为状元，那势必会寒了天下士子之心。

王安石当初变法，打出的口号便是"天变不足畏，祖宗不足法，人言不足恤"。而苏轼在《拟进士对御试策》中的三句箴言，便是回敬王安石的致命武器。

原本，苏轼已经做好了被神宗皇帝痛斥一番的打算。谁知，宋神宗却很大方地接受了苏轼的建议。不过，叶祖洽还是被选为当年的状元，而此人日后也成了王安石新党的股肱力量。

神宗皇帝对苏轼的宽容，让苏轼仿佛看到了希望。于是，他做出了一个判断：或许神宗皇帝并不是顽固地想改革，顽固强硬的只有王安石的新党。于是，他又将自己多年的心得汇总成一篇《上神宗皇帝书》，试图进一步否定王安石以及新党的变法措施。

不得不说，苏轼不但文采斐然，而且文章的逻辑性很强。在这篇策论中，苏轼总共提出了三条建议，即"臣之所欲言者三，愿陛下结人心，厚风俗，存纪纲而已"。

从表面看，苏轼这三条建议都是再正常不过的。比如第一条，让神宗皇帝结人心。在苏轼看来，王安石的新法已经让百姓与朝廷离心离德了。长此以往，百姓便会怨恨朝廷，甚至反抗朝廷，最后让国家、社会落得一个动荡不安的下场。

在这一条下面，苏轼率先批判了条例司。在他看来，条例司这个机构从一开始就不该存在，宋神宗设置条例司，原本就是为了方便王安石推行变法，可是现在的条例司已经沦为王安石等人独断专权的工具。条例司与朝廷其他组织的权限互相混淆，它不但干预了正常机构的日常工作，而且还凌驾于众机构之上，让原本为朝廷服务的机构变成了为新党服务的工具。

而且，推行青苗法虽然打着为百姓着想的旗号，但实施过程中，王安石却将此变成考察官员政绩的工具，让官员把青苗法的推行变成了一场表演给王安石看的个人秀。还有水利设施，王安石等人邀功买名，不考虑实际情况就开始修建工程，导致水利工程质量奇差，最后只是劳民伤财而已。还有曾经让苏轼觉得尚可的免役法，推行到最后也不过是多向老百姓要钱的名目罢了。以上种种，于国于民可谓双输，唯一得利了的，也只有新党的那群小人了。

当然苏轼这第一条建议，虽然言辞激烈且正中要害，但于王安石而言却不痛不痒。王安石在史上一向以清贫著称，他实在不必靠新政来牟利，神宗皇帝也不会相信王安石从中攫取了什么利益。可是，王安石仅是新党的领头人，他只能提出变革方案，却不能保证新政顺利实施，于神宗皇帝而言，这的确是王安石能力不足的地方。

除了"结人心"外，苏轼的第二条建议就是"厚风俗"。在苏轼看来，一个国家不应该只考虑富庶强大，也要考虑老百姓的承受能力。如果靠压榨百姓攫取利益，那国家就如同汪洋大海之中的一叶扁舟，摇摇欲坠。所以，"国家之所以存亡者，在道德之浅深，不在乎强与弱；历数之所以长短者，在风俗之厚薄，不在乎富与贫。道德诚深，风俗诚厚，虽贫且弱，不害于长而存；道德诚浅，风俗诚薄，虽强且富，不救于短而亡……"

是的，这就是苏轼，一个永远把百姓利益放在第一位的人。或许，苏轼原本就不适合在朝廷中枢搅弄风云，他更适合游历四方，为大宋各地的百姓办好事、办实事。这样于苏轼、于百姓、于国家，都是一件无与伦比的幸事。

不过，这些都是后话，苏轼给神宗皇帝上的策论中，还有一条"存纪纲"。在这一条中，苏轼提倡宋神宗要效法仁宗皇帝，重建开明民主的政治氛围，最好恢复当年台谏官员制衡宰执的传统，避免王安石无人制衡，一家独大。

最后，苏轼言辞恳切地告诉神宗皇帝，只有做到"结人心""厚风俗"和"存纪纲"三点，大宋朝廷才能国泰民安、繁荣昌盛。否则，国家危亡就在旦夕之间了！

那么，神宗皇帝听进去了吗？

显然没有。

苏轼这篇背水一战的策论，在神宗皇帝那里并没有掀起多大的风浪。恰逢此时，远在河北的韩琦给宋神宗上疏，狠狠地弹劾了王安石。王安石一气之下，便对神宗皇帝称病不朝，以此表明自己与韩琦、苏轼等人不共戴天的立场。

这边，神宗皇帝正为了王安石称病一事焦灼不已。那边，苏轼却将这件事看成了驱逐王安石的不二时机！于是，他再次撰写了一篇策论，名为《再上皇帝书》，其间直截了当地点名批评了王安石本人。

"今日之政，小用则小败，大用则大败，若力行而不已，则乱亡随之。"为了驱逐王安石，苏轼直接否定了王安石的全部政绩，也全盘否定了新法之中可取的地方。眼见王安石和神宗皇帝都不为所动，只有一个程颢为王安石请命求情，苏轼便百尺竿头更进一步，将程颢也带入新党一方，将所有新党人士攻击了个遍。

此时，苏轼在前方疯狂输出，但旧党首领司马光却错过了时机。他不但没有表达自己坚定的态度，反而当起了韩琦和王安石的和事佬，想在两边都卖个人情。可是，司马光却没有认清这样一个现实，那就是新旧两党的斗争已经到了白热化阶段，双方都是"有你没我"的想法。如今，司马光去当和事佬，不仅不会让新党心存感激，反而浪费了苏轼等人为百姓谋求生路的一番苦心。

后来，司马光在无力挽回颓势，只能请辞时，发出了这样一番感慨："臣之不才，最出群臣之下，先见不如吕诲，公直不如范纯仁、程颢，敢言不如苏轼、孔文仲，勇决不如范镇……臣畏懦惜身，不早为陛下别白言之。轼与文仲皆疏远小臣，乃敢不避陛下雷霆之威，安石虎狼之怒，上书对策，指陈其失，黜官获谴，无所顾虑，此臣不如轼与文仲远矣。"不过，这也是后话，我们暂且不提。只说苏轼这篇《再上皇帝书》，其中已经没有什么解决方案与至理名言了，有的，只是为了抨击王安石而危言耸听的句子。

此时的苏轼已经蜕变为坚定不移的新法反对派，面对才华横溢又勇往直前的苏轼，王安石再也坐不住了。于是，王安石便用了堪称"人生黑点"的一招，那就是大力抹黑苏轼，让苏轼没脸再待在京师。

熙宁三年八月，王安石的姻亲谢景温告了苏轼一状，称苏轼、苏辙在送苏洵棺椁回眉州的路上，曾诱骗当地士兵，让士兵帮忙走私盐、瓷器等物。谣言一出，苏轼义愤填膺却又无可奈何，只能拼命自证清白。

在宋朝，御史大夫是可以"闻风言事"的。也就是说，我即便没有证据，也可以光凭捕风捉影造你的谣。在科技发达的现代，人们还尚且过着"造谣一张嘴，辟谣跑断腿"的日子，何况是千年之前的宋朝呢！

宋神宗听说了苏轼的"劣迹"，立马命人详细查证此事。如果这件事真是苏轼做的，那苏轼不仅没脸自称为读书人，而且连自己的仕途也会断送了。好在，经过仔细的查问，时任天章阁待制的李师中为人正直，并不愿意替王安石等人作伪证。

而且，正直忠义的老臣范镇也出言说道："当年苏轼、苏辙丧父回乡，与苏家兄弟交好的人们纷纷凑钱，给他们二人做盘缠，当时，欧阳修赠银二百两，韩琦赠银三百两，可这两兄弟说什么也不要。现在有人说苏轼诱骗士兵走私盐和瓷器，我倒要问问，为什么这两兄弟放着大钱不要，偏偏去铤而走险赚些小钱呢？"

此事到了这一步，真相已经昭然若揭。然而，苏轼即便问心无愧，他的才名清誉到底还是受到了影响。别人不提，仅宋神宗就发表了"苏轼非佳士"的言论，可见谣言的可怕！

事情发展到这一步，苏轼义愤填膺，直接上书宋神宗，希望可以被外放出京师，做个小小的地方官。与苏轼交好的旧党人士也或者自请，或者被排挤出了朝廷中枢。就连旧党的领军人物司马光也自请外放，安心在家中编撰《资治通鉴》了。

这场政治斗争，最终还是以王安石的新党大获全胜而告终。

熙宁四年（1071）六月，苏轼再一次离开了汴梁。"君问归期未有期"，苏轼背上行囊，临行前又一次回望了京师的车水马龙。前路漫漫，不知归来又是何期。

第四章

一贬再贬的仕途

第一节　欲把西湖比西子——贬谪杭州

"霜余已失长淮阔。空听潺潺清颍咽。佳人犹唱醉翁词，四十三年如电抹。草头秋露流珠滑。三五盈盈还二八。与余同是识翁人，惟有西湖波底月。"熙宁四年六月，苏轼对朝局心灰意冷，便上书神宗，希望能外放到地方当官。

按照苏轼的资历，就算他被外放到地方，也足以做一方的知州。可是，王安石从中作梗，将苏轼拟定为颍州通判。或许是神宗内心对苏轼有着一些愧意，又或许是觉得小小的颍州通判无法发挥苏轼的才能，又或许他忌惮苏轼与欧阳修抱成一团（退休的欧阳修就定居在颍州）。总之，神宗默默地将颍州改为杭州。

这个三吴都会的繁华之地，希望能带给苏轼一些慰藉吧！只是，于如今对朝局失去信心的苏轼来说，颍州和杭州都是一样的。次月，苏轼就离开了汴梁，往杭州而去。

我们很难揣摩苏轼当时的心情，他是被政敌泼了一盆脏水后愤然离开的，若说他心里毫不在意，那肯定也不现实。不过，天生乐观的他很快调整好了心态。

海阔凭鱼跃，天高任鸟飞。远离是非之地，未必就是一件坏事。而且，今后他有大把的时间可以游历山河，结交好友，也有足够的精力去拯救一方百姓于水火了。

　　离开汴梁，苏轼几乎没怎么犹豫，便把第一站选在了陈州。是的，自己的弟弟苏辙就在陈州为官。当年，苏辙与新党股肱吕惠卿不合，便自请离开了京师。如今时光匆匆，岁月流转，同样离开京师的苏轼，又怎能不去陈州与弟弟相聚呢？

　　熙宁四年九月，苏轼、苏辙兄弟二人离开了陈州，前往颍州拜访退休在家的欧阳修。此时，欧阳修虽然看上去精神矍铄、双目炯炯，可实际上却已经垂垂老矣，早已经没有了昔日品评选拔天下之士的风采。

　　为了庆祝有生之年的师徒相聚，他们一同去颍州的湖上泛舟。欧阳修得知苏轼要前往杭州赴任后，还将自己的好友诗僧惠勤推荐给了苏轼，并千叮万嘱让苏轼一定要去孤山拜见。后来，这位惠勤和尚果然与苏轼话语投机，二人还成了挚友。眼看去杭州上任的日子已到，苏轼便依依不舍地告别恩师，去杭州另辟一方天地了。

　　杭州，古称钱塘。相传，当年大禹南巡时，将造好的一只舟船遗落在此。由于古人将舟船称之为"杭"，故而此地便有了杭州之名。

　　因杭州地处江南腹心，美景自不必赘述。想当年，就连仁宗皇帝都曾为之赋诗，称此地"地有湖山美，东南第一州"。苏轼在杭州的职务为通判，也就是管理杭州地区的公务。这是苏轼第二次管理地方，有了之前在凤翔工作的经验，他对治理杭州这件事自然是信心满满。

　　刚到杭州不久，苏轼便发现杭州城的监狱里竟然关满了囚犯。这是怎么一回事呢？杭州算得上大宋最为富庶的几座城市之一，怎的这里会有如此之多的犯人？仔细询问后，苏轼这才恍然大悟——原来，这些人都是因为买卖私盐而下狱的！

有宋一朝，盐一直是由官府管控的生活必需品。因为人人都要吃盐，但却不是每个地方都产盐。为了增加财政收入，朝廷一直严格垄断盐的产销。值得一提的是，王安石的新法里就有与盐相关的规定。

王安石提出，由朝廷全面取代盐商，直接从买卖制变成配给制。这个方法的确能增加朝廷收入，但无疑会让百姓更加苦不堪言。因为这么做的最后结果，往往是百姓拿不到盐却要白白给官府缴纳一笔盐税。

杭州监狱里关着的，是大量"盐帮"的成员。他们聚众走私贩盐，将盐卖给需要盐却无法从官府领取的百姓。除了这些盐帮成员外，监狱里还有不少购买过私盐的百姓。他们实在没有门路，只能冒着被抓的风险，跟盐帮成员进行食盐交易。苏轼很想释放这些囚犯，在他看来，这些囚犯都是被王安石等人逼得走投无路才不得不冒犯新法的。可是，如果苏轼真的放了监狱里的犯人们，无疑是跟宋神宗、跟大宋朝廷对着干。再三思虑下，苏轼便为了这些因盐法下狱的一万六七千人之众向朝廷上书。而且，他还在杭州官厅的墙壁上，留下了一首令人读之沉思的长诗。

除日当早归，官事乃见留。执笔对之泣，哀此系中囚。
小人营糇粮，堕网不知羞。我亦恋薄禄，因循失归休。
不须论贤愚，均是为食谋。谁能暂纵遣，闵默愧前修。
（《除夜直都厅囚系皆满日暮不得返舍因题一诗于壁》）

面对新法，苏轼始终带着抵触。可是，他身为杭州通判，做的本身就是朝廷的官。朝廷推行新法，你作为朝廷一线的地方官员，又怎能不奉命行事呢？不过好在苏轼在杭州的岁月里，逐渐找到了一条新的路径。

面对王安石的新法规定，他只负责推行其中无关痛痒的部分。而大部分时间里，他都会凭自己的喜好与判断，为当地老百姓做一些真正有用的好事。

熙宁五年（1072），苏轼决定疏浚杭州的水利工程。

杭州近海，这里虽然水资源相当丰富，但大部分水中都含有盐和其他成分，不能直接饮用。因此，杭州的老百姓若想饮水，最好的办法就是去搬运城西的山泉溪流。

可是，一千年前的宋朝交通虽然发达，但一来山泉水本就有限，根本无法满足全杭州百姓的用水需求，二来这山高路远，运水实在耗费巨大。

早在唐朝时期，杭州有位名叫李泌的刺史就勘测过地势，想要引西湖水入杭州城。而且，他还专门在城区打了六口井，短暂地解决了困扰杭州百姓已久的饮水问题。可是，到了宋神宗时期，这六口井早就被淤泥给堵塞了。杭州居民再次回归到"饮水难、运水难"的困局之中。为了彻底解决这个问题，苏轼和杭州太守陈襄商议之后，决定发动富商乡绅捐款，并号召民夫疏通修缮六口水井，这才解决了杭州百姓的饮水问题。

巧的是，就在苏轼带领杭州百姓疏通水井的第二年，江淮地区发生大旱，河枯井涸，其他地方的百姓渴死的不计其数，只有杭州百姓用水充足。此时，杭州百姓人人感叹这位苏通判有先见之明，而在凤翔县所得的"苏贤良"之名，又再次回到了苏轼身上。

在为杭州百姓作了一番贡献之后，苏轼又找到了新的消遣方式。

俗话说："人间苏杭赛天堂"，这里风景秀丽俊逸，美食琳琅满目，才子佳人辈出。尤其是西湖，简直让苏轼沉醉不已。他曾经用这样的话评价西湖："杭州之有西湖，如人之有眉目。"而他的官舍，就设在了风景秀丽的西湖边上。

远离了诡谲的朝局，苏轼内心除了遗憾，一定还有些许欣慰吧。不然，他又怎会在湖波浩渺、千舟竞发的秀美杭州写下"未成小隐聊中隐，可得长闲胜暂闲？我本无家更安往，故乡无此好湖山"的诗篇呢？

除了这如画景致外，这里的人们也足够让苏轼眷恋。正所谓"前生我已到杭州，到处长如到旧游。更欲洞霄为隐吏，一庵闲地且相留"。西湖带给苏轼的，除了"前生记忆"的熟悉感外，还有数不尽的才俊好友。

杭州自古便是人杰地灵的荟萃之地，而苏轼又是名震天下的大才子。他来到杭州，便如鱼儿回归海洋一般逍遥闲适。在与苏轼交往的当世名流中，就有号称"张三影"的大词人——张先。

苏轼早期的词作并不出名。来到杭州与张先结交后，苏轼在作词方面的天赋才逐渐凸显出来。有一个很典型的例子，就是苏轼在杭州模仿张先《菩萨蛮》而写就的《江城子》。

凤凰山下雨初晴。水风清，晚霞明。一朵芙蕖，开过尚盈盈。何处飞来双白鹭，如有意，慕娉婷。

忽闻江上弄哀筝。苦含情，遣谁听！烟敛云收，依约是湘灵。欲待曲终寻问取，人不见，数峰青。（《江城子·凤凰山下雨初晴》）

苏轼这首虽然是仿作，但他却能在哀筝苦情外，渲染出烟敛云收后数点峰青的气势磅礴，实在是难能可贵。不过，苏轼在杭州最为人称道的，还是他与佛印、琴操二人的故事。苏轼是才子，佛印是僧人，琴操是歌姬，苏轼与二人交往，却全然没有一丝自矜，反而以一片真心相待。在杭州的这些年，苏轼乐观开朗，又带着些许戏谑的性格让他收获了很多友谊。

时光易逝，眨眼间苏轼便已在杭州度过了三载光阴。关于这之后又该何去何从，此时的苏轼已经有了一个清晰的目标，那便是密州。

第二节　老夫聊发少年狂——向密州进发

熙宁七年（1074），苏轼在杭州的三年任期已满。按照北宋惯例，他需要上书朝廷，由朝廷来安排他的去留。

关于苏轼的去留问题，宋神宗和王安石肯定是非常苦恼的。因为苏轼在杭州不仅无甚过错，反而还为国为民做了不少好事，这样斐然的政绩，就算不把他提拔回中央，也是要被调任到其他地方做知州的。

好在，"通情达理"的苏轼狠狠地体恤了神宗君臣一把。此时的他并不想回归朝局，他只想去济南寻找自己的胞弟苏辙（时任齐州掌书记）。于是，他便自请到山东做官。神宗皇帝跟王安石一合计，去山东好啊，反正对新政没什么影响。于是，神宗皇帝大笔一挥，许苏轼去密州（今山东潍坊一带）做个知州吧！就这样，苏轼又踏上了前往密州的旅途。

熙宁七年十月，苏轼携家带口，准备前往密州赴任。离开杭州的那天，几乎大半个江南的才俊佳人、僧侣道士都来为他送行。众人依依不舍，一路簇拥着苏轼到了湖州，又设了告别的酒宴，这才四下归去，容苏轼启程。

密州远在千里之外，苏轼从杭州出发，整整行进了两个月方才赶到密州。苏轼到了密州，立刻就感受到了当地紧张的氛围。原来，杭州乃富庶之地，苏轼即便外放此地，也从未因柴米油盐而焦虑。可是，此时的密州正遭遇旱灾与蝗灾的双重袭扰。苏轼一路走来，只见双目可及之处，均是蝗虫满天。当时，光是官府记录在册的蝗虫捕杀数量就有三万斛之巨！眼前的惨状，实在令苏轼触目惊心。

早在凤翔县和杭州城做官时，苏轼便经历过短暂的旱灾。在凤翔县时，他亲自上太白山祈雨，没想到暴雨真的如约而至，解了燃眉之急。在杭州城时，他率领军民疏通水井，恰好避过了旱灾的侵扰。而此时的密州，旱情严峻、蝗虫肆虐、盗匪频生，而新政的推行，更是让老百姓的日子雪上加霜。

可以说，这次的密州知州之位，并不是朝廷给苏轼的奖赏，而是赋予苏轼的考验。

当年，苏轼刚踏入密州府衙，并询问密州各处受灾情况时，官吏还以为苏轼也跟其他"大老爷"一样，只喜欢报喜不报忧，于是便奉承道："哎呀，苏知州，这蝗虫不算灾祸，它们就是来为田地除草的！"

苏轼一听，简直是气不打一处来。他立刻召集所有衙役，并号召百姓民夫，共同到田地里捕杀蝗虫、拯救庄稼，希望能用人的力量对天灾带来的损失稍作弥补。可是，当苏轼走到田地里时，才发现这里不仅有蝗虫，竟然还有不少的弃婴。

原来，密州地区遭遇灾情，很多家庭无力养育婴孩，又不忍杀之，只能遗弃在路旁，希望有好心的富裕家庭能将孩子抱走。面对此情此景，苏轼沉默片刻后，立刻筹措出一笔经费，并规定养不起孩子的父母，每月都能去官府领六斗米，为期一年。

当时，很多遗弃孩子的家庭为了这六斗米，纷纷将孩子抱了回去。

一年之后，虽然这六斗米不再有，但父母与孩子有了感情，也便不再生遗弃的念头了。带领百姓扑杀蝗灾的同时，苏轼也前往常山求雨。虽然这个方法没有什么作用，但苏轼愿意以知州之尊，为百姓做到这步田地，也足够让百姓对这位新来的长官心生信任了。没有求来大雨，他只能在朝廷的层层盘剥下，尽力庇护密州百姓，而此时的朝廷局势也发生了剧变。

熙宁七年四月，光州司法参军郑侠给宋神宗上了一封言辞恳切的奏章，要求朝廷罢黜王安石的宰相之位，同时废掉新法，以救苍生。反对新法的臣子们立刻借机上书，全面抨击了王安石独断专行、剪除异己、用人不当等罪行。不仅朝堂如此，后宫的皇太后与太皇太后亦时常规劝宋神宗，指责王安石"变乱天下"。

在众人的压力下，神宗皇帝只能让王安石省略部分新法，以作妥协。可王安石不愧为"拗相公"，他直接上书请辞——这个宰相，我不干了。最后，宋神宗不得不令韩绛为宰相，吕惠卿为副手，继续坚持新法。就在苏轼与蝗灾做斗争的时候，王安石已经出任江宁知府，前往江宁上任了。

不得不说，接替王安石的韩绛和吕惠卿也的确让王安石足够省心。当时，韩绛被人们戏称为"传法沙门"，而吕惠卿则被人称作"护法善神"。这两人没什么主见，但都极力贯彻王安石的新法，尤其是吕惠卿，他在掌权之后，还在王安石新法的基础上创造了"手实法"。

所谓手实法，就是让老百姓如实将财产上报给朝廷，朝廷会按老百姓的收入，按比例收取税钱，相当于今天的财产税。为了彻底贯彻手实法，差役们还会挨家挨户搜查，如果有隐匿家产或虚报家产的，就立刻没收全部家产。同时，吕惠卿还鼓励民间检举告发，告发者诬告无罪，若恰好查实，则告发者就能获得被没收的三分之一财产作为奖励。

　　或许，吕惠卿的本意是穷人少缴税，富人多缴税。但放在当时，却造成了民间告密成风，人人自危，因私仇而毁家破产者不计其数！如果说王安石新法的本意是国富民强，那么，吕惠卿新法则是只要国富，不要民强。

　　此时的密州尚有天灾，怎经得起吕惠卿等人折腾出来的"人祸"？面对吕惠卿的作威作福，苏轼实在是心有余悸。毕竟自己当年被迫离开汴梁，就与他人的诬告密切相关。现在，他只能将希望寄托在宰相韩绛身上，希望韩绛能劝劝吕惠卿。谁知，韩绛根本懒得搭理他。苏轼眼见朝廷指望不上，便只能自救了。

　　苏轼在密州任职的时候，经常亲临一线商议救灾。若是饿了，他就采摘野生的枸杞和菊花果腹，为此，苏轼还自嘲了一下，称自己也过了一把神仙般食花饮露的生活。

　　有一次，一帮兵勇奉命去剿匪。谁知，他们却跟地方村民发生了冲突，导致村民纷纷去衙门状告兵勇。苏轼先假装官官相护，连状纸都没看就说"不可能有这事儿"！这些兵勇一看苏轼的态度，便嘻嘻哈哈地都回了衙门。结果，苏轼立马把他们全扣押起来审问，还没怎么审呢，这些兵勇就承认了与百姓发生冲突的事。证据确凿后，苏轼立刻将违法违令的兵勇们一律处置，还了百姓一个公道。

　　一次，苏轼在常山祭谢回程，他骑马奔驰，只觉得豪情万丈，便乘兴写下了那首流传了千年的豪放派好词——《江城子·密州出猎》。

　　老夫聊发少年狂，左牵黄，右擎苍，锦帽貂裘，千骑卷平冈。为报倾城随太守，亲射虎，看孙郎。

酒酣胸胆尚开张，鬓微霜，又何妨！持节云中，何日遣冯唐？会挽雕弓如满月，西北望，射天狼。（《江城子·密州出猎》）

也就是在这一刻，苏轼的词风开始发生了转变，他从缠绵悱恻、民风秀雅的杭州来到了潇洒豪放、民风剽悍的密州，他的词风也从天真烂漫、诙谐幽默变成了刚健明快、豪放质朴。

春未老，风细柳斜斜。试上超然台上望，半壕春水一城花。烟雨暗千家。寒食后，酒醒却咨嗟。休对故人思故国，且将新火试新茶。诗酒趁年华。（《望江南·超然台作》）

或许，密州的经历让苏轼将建功立业的心更加淡化。此时的他，满心满眼只有天下苍生，至于功名利禄、党派之争，虽然令他抱有遗憾，但却不再是他追求的目标。

熙宁九年（1076）的中秋之夜，苏轼在月下微醺。他想起在齐州的弟弟苏辙，不禁感慨万千。于是，他提笔写下了这一千古名篇：

明月几时有？把酒问青天。不知天上宫阙，今夕是何年。我欲乘风归去，又恐琼楼玉宇，高处不胜寒。起舞弄清影，何似在人间。

转朱阁，低绮户，照无眠。不应有恨，何事长向别时圆？人有悲欢离合，月有阴晴圆缺，此事古难全。但愿人长久，千里共婵娟。（《水调歌头·明月几时有》）

正如这首词，苏轼的人生纵有百般难、千般苦、万般不舍，但总要不断向前。如果怀抱积极乐观的心态，就能从生活中发现值得为之努力的东西，就会坦然应对人生的悲欢离合。只要遵从本心，不断向前，总有一天能见到希望的曙光。

第三节　天涯流落思无穷——造福徐州

　　点点楼头细雨，重重江外平湖。当年戏马会东徐，今日凄凉南浦。莫恨黄花未吐，且教红粉相扶。酒阑不必看茱萸，俯仰人间今古。

　　（《西江月·重九》）

　　熙宁九年十二月，朝廷给苏轼下了诏命，让苏轼奉诏移知河中府。苏轼好不容易与多灾多难的密州建立了紧密的联系，可还没来得及为密州老百姓做更多贡献，他便被派往徐州赴任了。

　　原来，宋朝的地方长官历来都是只做两年，当初，苏轼任杭州通判，通判属于地方官衙的二把手，任期为三年。而地方长官如知州、知府则最多干两年就要换地方，这也是宋太祖忌讳地方割据，才制定了这样的规矩。

　　干满两年后，苏轼要去京师向皇帝述职。可是，他还没来得及去，朝廷就直接把他打发到了徐州，让他去徐州担任知州。

　　徐州何地也？它是《禹贡》中的"华夏九州"之一，自古以来就是兵家必争之地。相比地处山东，尚且民风十分豪放剽悍的密州，以打铁、冶金而闻名的徐州更是难以管束。而且，这里地处黄河附近，经常受水灾影响。

这不，熙宁十年（1077）的夏秋之际，苏轼才刚到徐州没多久，黄河就在澶州的曹村地区决口，原本往北奔腾而流的黄河大水向南掉头袭来，沿途的四十五个州县均遭遇巨大水情。八月，大水便奔腾到了徐州境内。当时，徐州被周边的山峦包围，大水并未冲入城中。然而祸不单行，此时的黄河本就处于汛期，加上连日暴雨瓢泼，水势日渐高涨，仅仅过了半月有余，南清河的水位就达到了二丈八尺，眼看就要冲破长堤了！

"不好了！大水要漫过徐州城了！"

不知是谁先将这个萦绕在徐州百姓心头的梦魇宣之于口，此后，百姓便惊慌失措，纷纷要求出城避难。面对来势汹汹的洪水，苏轼立刻组织起城内的青壮年民夫，并同众人一起，用石头和土包将长堤加高加厚，他甚至造了一批用来逃生的竹筏、木筏，以备不时之需。

数日的暴雨，使洪水快速上涨。这天夜里，苏轼穿着短衣、打着赤膊、撑着手杖，赶赴东南大堤加固堤坝、抗洪救灾。就在苏轼忙得脚不沾地时，一个小吏突然来报，称城北有不少人正在强闯城门。苏轼一听又气又急，眼下正是众志成城、加固城防的重要时刻，这些人也太"掉链子"了，怎的光顾自己逃命？

于是，苏轼立刻冒着瓢泼大雨赶往城北，此时，有不少车队马队已经与守军发生了冲突。苏轼见状，连忙挡在城门前大声喊道："我是徐州知州，我会一直留在城内，也请诸位能相信我，与我一起，帮助徐州城共渡难关！"

以往城内遭遇危险，当官的跑得比谁都快，还美其名曰正常避难。所以，当苏轼亲自出现在暴雨中的那刻，准备逃跑的老百姓还是相当受震撼的。是啊，既然知州都拿出了决心，愿意与大家共存亡，他们也自当不负知州，留下帮忙便是了。

在劝说百姓继续帮忙后，苏轼也不敢稍做歇息，他立刻赶往徐州的武卫营，请求驻屯在那里的士兵帮忙，跟老百姓一起守卫徐州。

要知道，北宋的武卫营是直属于宋朝的禁军系统，平日里，武卫营只听从朝廷的派遣，苏轼根本无权调动。但此刻徐州情况十万火急，苏轼也顾不得犯这个忌讳了。他只身前往武卫营的驻地求援，好在，武卫营的统领也懂得事急从权的道理，他立刻同意为徐州调拨数千禁军，与苏轼一同赶往抗洪前线，为徐州巩固堤坝。

在苏轼的带领下，徐州城军民一心，将长堤修建得固若金汤，终于挡住了来势汹汹的洪水。之后，苏轼又采纳了一位僧人的建议，将清泠口凿开，引城外的洪水入黄河故道，成功解决了积水问题。历经两个月奋战，苏轼总算在水患面前保下了徐州城。

当阳光撒满徐州城内时，城里的百姓忍不住欢呼雀跃，喜极而泣。人们奔走相告，额手相庆。对这位新上任的苏知州，大家更是心怀感激，愿意交付自己全部的信任和支持。

或许，苏轼的真诚正直和一腔热血，便是深受百姓拥戴的最好理由。从凤翔到杭州，从密州到徐州，苏轼走到哪里，哪里的百姓就成为他最坚强的后盾。他留下了太多痕迹，也留下了太多记忆，这些光辉亦长长久久流传至今，令人经年不忘。

徐州水灾过后，苏轼为了纪念城内百姓团结一致，众志成城，便打算建造一座亭台楼阁。当时，徐州府邸内有座"霸王厅"，相传，这座霸王厅为项羽所建。因为害怕西楚霸王的余威，这里常年无人敢入。久而久之，竟然成了一座废阁！

想当年，苏轼与章惇曾住过南山诸寺，以证山鬼所无。此时仅是面对一座霸王厅，苏轼自然百无禁忌。他下令拆毁了霸王厅，并用拆下的材料在东门处重新起造了一座楼阁。因为当时人们信仰阴阳五行，认为土可以克水。为了安抚民心，苏轼便命人用黄土刷墙，并将其取名为"黄楼"。

有意思的是，黄楼落成之时，恰好宋神宗将自己的年号从"熙宁"更改成了"元丰"，于是，元丰元年（1078）的九月九日重阳节那天，苏轼在黄楼大宴宾客。一边庆贺徐州灾情解除，一边遥祝神宗皇帝万安，一边庆贺黄楼竣工。

苏轼的弟弟苏辙闻听此事后，还专程寄来一篇《黄楼赋》相贺，苏轼见到《黄楼赋》十分高兴，亲自将这篇赋刻在了石碑上，以作纪念。

元丰二年（1079）三月，苏轼任期圆满，移知湖州军州事。当时，徐州的父老乡亲纷纷挽留苏轼，请他不要离开徐州。可是，他只是拜谢了父老乡亲，并说道："穷人命分恶，所向招灾凶。水来非吾过，去亦非吾功。"

最后，苏轼留下了《江城子·别徐州》。

天涯流落思无穷。既相逢，却匆匆。携手佳人，和泪折残红。为问东风余几许，春纵在，与谁同。隋堤三月水溶溶。背归鸿，去吴中。回首彭城，清泗与淮通。欲寄相思千点泪，流不到，楚江东。

（《江城子·别徐州》）

随后，他便毅然决然地奔向了人生的下一站——湖州。

第五章

几令丧命的诗案

第一节 菊残犹有傲霜枝——山雨欲来

> 荷尽已无擎雨盖，菊残犹有傲霜枝。
>
> 一年好景君须记，最是橙黄橘绿时。
>
> （《赠刘景文》）

人世间的大事，都无非是"浮云朝露，沧海桑田"。而此时，前往湖州的苏轼还不知道，有一个足以改变他余生命运的事件悄然而至。

在讲述这个事件之前，我们有必要先回顾一下苏轼在地方工作的这几年，朝廷政局到底发生了怎样的变化。这些年，朝廷的政局可谓是大变天。当年，与旧党吵得热火朝天的新党派人士已经先后离开朝廷，就连王安石本人也经历了两次罢相。最后，他心灰意冷地去了江宁，准备在此处了此残生。当然旧党首领司马光也没好到哪儿去，他前期活跃，而后期常年闭门著书，不问国事。于是，无数后起之秀纷纷"崭露头角"，欲取王安石和司马光而代之。

再看皇帝宋神宗，他十九岁继承皇位，曾在王安石的大力辅佐下进行了大刀阔斧的改革。如今，十余年转眼已逝，神宗皇帝已经从一位意气风发、饱含锐气的少年，变成了一个成熟老练的独裁君主。

此时，神宗皇帝知道新法改革已经进入攻坚阶段，现在，他最需要的就是树立个人威信，对旧党派人士采用严厉的打压制度。换言之，他现在迫切想要通过"杀鸡儆猴"的方式，来狠狠震慑朝堂，并敲打对新法保持反对之声的臣子们。只是如今，这只用来"儆猴"的"鸡"，神宗皇帝还没有选好。

当然了，此时此刻，虽然身处江湖之远的苏轼并不知道朝局已经变了天，但身在旋涡中的臣子们，都已经或多或少嗅到了风向的改变——熙宁年间，新法刚刚起步的时候，旧党派反对新法那只能算是政见不同，不算什么罪过。但到了元丰年间，新法那就是全国上下必须统一尊奉的政策，谁要是敢再提出不同意见，那就是反对国策、藐视皇权了！

但是这事儿皇帝看得明白，朝廷大臣看得明白，远在千里之外的苏轼就看不明白了。在湖州一心为民办事儿的他，眼下根本想不到朝廷里根本不是当年那些人了。

现在，把控朝堂的新法代表乃是王安石的得意门生，是他着重培养的新法进步人士——御史中丞李定。辅助李定的，还有权监察御史里行舒亶、何正臣等人。要知道，这些人可没有王安石那么要面子。他们的工作之一，就是瞪大了眼睛寻找官员们的漏洞，尤其是那些曾经反对过新法，反对过"拗相公"的人。

对李定等人来说，他们原本就声望很浅，根基很薄弱。此时，他们最担心的不是朝廷有反对派，而是朝廷上下一心，抱着团儿地搞新法。如果朝廷上下一心了，他们监督谁，审理谁呢？如果无人可审、无人可查，他们又怎么往高处爬呢？

当然，这只是李定等人的担心。除了他们外，还有宰相王珪代表的老牌新党人士。王珪此人，说实话没什么才干，也没什么政治主张。从《续资治通鉴长编》看，这位王珪宰相无非是个"三旨宰相"，即"向皇帝请来圣旨""获得圣旨"和"帮皇帝传达圣旨"。

有趣的是，王珪并没有坚定的政治信念，他既不是变法派，也不是反对派。不过，此时显然是新党占了上风，所以，王珪变成了"坚定"的新党派，从而攫取了丞相之位。

那么，像王珪这样的人最害怕什么呢？答案是最害怕有才干的人。不管是新党派也好，旧党派也罢，有才干的人都会让王珪这等人产生恐惧，因为他们除了见风使舵，其实没有什么拿得出手的本事。所以，他们嫉贤妒能、心胸狭隘，生怕有一天自己会被有才干的人挤出朝廷中心。

好了，现在让我们复盘一下苏轼的处境。

如今，苏轼以旧党人士身份被排挤出了朝廷中心，而且，他在地方颇有政绩，口碑也非常不错。在所有反对变法的旧党派人士中，苏轼的声望和名气都是仅次于欧阳修的。欧阳修去世后，苏轼就成为文坛和学子界的领袖人物了。当时，他身边簇拥着"苏门四学士"和"苏门六君子"等一批文人学者，在社会上的影响力也非常之大。于公于私，苏轼都是新党派人士和投机派人士的心腹大患。但反过来想，只要扳倒了苏轼，也就等于拿下了大半的反对派！

此外，苏轼那可是当之无愧的大才，其才华让仁宗皇帝与神宗皇帝都忍不住称赞不已。而且，苏轼最出名的一点就是心直口快。在旧党人士中，苏轼敢说敢做，而且非常傲气，不管是谁，只要触碰到他的底线，那他都敢直言上前反对。

最主要的是，这几年苏轼外放做官，远离了朝廷，他根本不知道朝廷现在已经变了天，还在写抨击新法、戏弄新法人物的诗文。而且这些诗文朗朗上口，在社会上引起了强烈的反响。对想抓住苏轶漏洞的人来说，这简直是"想睡觉就有人给送枕头"一样的好事。他们根本无需费力，就能从苏轼的作品下手，好好整治整治这位文坛新领袖。

不管从哪个角度看，苏轼都是他们"开第一刀"的好人选。而且，神宗皇帝十分欣赏苏轼，如果哪天神宗皇帝又想重新起用他，那对新党派人士来说可不是什么好事！所以，倒不如趁现在，把苏轼直接扑杀以绝后患！

打定主意后，李定、王珪等人便碰了个头。大家思来想去，决定从"讥讪朝政""愚弄朝廷""指斥乘舆"等方面入手。

你苏轼不是喜欢说怪话吗？不是喜欢戏谑嘲讽别人吗？不是闲着没事儿就爱写点酸诗酸文吗？那好，我们就从这儿入手，说你攻击新法，藐视朝廷，对皇上不恭不忠。这可是足以杀头的大罪，就算不死，也得让你脱一层皮啊。

那么，选择哪首诗词，哪篇文章呢？众人开始挑灯夜读，把苏轼的文章全都读了个遍。可是，众人越读，就越觉得苏轼其实没写过什么真正意义上抨击新政的文章。苏轼有很多诗词都是描写了老百姓受灾后的贫苦，若拿这些诗词作为攻讦苏轼的辅助文章尚可，若用这些作为主要攻击苏轼的作品，那未免显得过于牵强，恐怕不会引起神宗皇帝的注意。

于是，众人暂时放过了他的诗词文章，又查阅起苏轼给朝廷上的谢表来。读着读着，李定便哈哈大笑起来。原来，苏轼到达湖州后，按照惯例给神宗皇帝写了一封表达自己感激之情的奏章。其中，有一段文字是："风俗阜安，在东南号为无事；山水清远，本朝廷所以优贤。"

这段话，苏轼的本意是"湖州民风淳朴，没什么需要我做的事，朝廷把我安排在这么山清水秀、平安富贵的城市，是朝廷优待贤臣的表现啊"。但经过李定等人的解读，却变成了"我这么一个大能人、大贤臣，你朝廷不好好用我，非要把我扔在一个没啥事干的城市，我要埋怨你不对我委以重任"！

而且，苏轼还写了"臣性资顽鄙，名迹埋微。议论阔疏，文学浅陋。凡人必有一得，而臣独无寸长"等自谦的话。可天下谁不知道你苏轼是文坛领袖，是旷世奇才，你这分明是正话反说，自我吹捧，待价而沽，嫌朝廷不给你好官职嘛！

听完李定的解读，王珪等人都笑了起来。有了《湖州谢上表》为例，李定、王珪等人又发现苏轼在《密州谢上表》和《徐州谢上表》中也曾隐晦表达对朝廷的"不满"，而且，《湖州谢上表》中还有些更为直白和大胆的表达，这些句子清晰地表明苏轼与当朝权贵的不合，以及对新法的不满。

比如"知其愚不适时，难以追陪新进；察其老不生事，或能牧养小民"，这句话中的"新进"一词，是王安石用来描述突然升迁的无能后辈的，而在此前变法派内部新旧党争异常激烈，这一词有着极其敏感且明确的指向性，弹劾苏轼的李定等御史台官员，正是通过变法登上政治舞台的"新进"。苏轼在后面半句，又说自己老了，不会生事，所以去地方牧养百姓，这被这些御史台官员认为是在暗中指责在京官员惹是生非。这种表达，定然会让那些掌握话语权的官员生出诸多不满。

就这样，经过众新法人士的秘密计划，一个针对苏轼的惊天阴谋终于浮出了水面。

第二节　世事一场大梦——宋朝的谢表制度与 "乌台诗案"

　　在讲述这个惊天阴谋之前，我们要先讲一下给苏轼未来埋下大坑的宋朝谢表制度。

　　宋朝时，有一种谢表制度，是臣子所写，上呈至皇帝，感谢皇帝所施恩惠的文书。每当官员在升迁、贬谪、受赐或封上等的时候，都要向皇帝呈上谢表。谢表制度并非宋朝开创，早在汉代时就已经出现，只不过那时的谢表主要是"陈情"，到魏晋南北朝时期才主要转变为"谢恩"。唐代时，谢表的使用范围扩大，而宋代则是谢表最为盛行的时期。

　　宋代的谢表，已经有相对定形的格式，主要可以分为四部分：第一部分，主要陈述上表的原因，如官职调动等，还会陈述自己的到任情况；第二部分，主要是一段自我剖白，一般会描述自己的心理活动，是最显示学识和文采的地方；第三部分，则是对皇帝的称赞和感谢；第四部分是表达自己的决心。宋代的谢表行文规整，用词准确，通常采用四六骈体，而宋代很多官员本身就是著名的文学大家，谢表充分展示了他们的文化素养和渊博学识，具有一定的文学造诣，很多优秀的谢表就此流传下来，其中的名言警句为历代学者津津乐道。

宋代的谢表上奏皇帝后，无论皇帝是否亲自过目，都要通过进奏院下发到相关机关，部分谢表可能还会刊登在进奏院发行的邸报上，供大家阅读，以达到"勉励天下之为吏者"的作用。不少对时事较为敏感的官员，还会认真品读邸报上的谢表，从而获得有用信息，捕捉政局上的风吹草动。如此一来，谢表制度便在宋朝占据了更加重要的地位。

谢表虽然是例行文件，但不同官员的性格表现、文学素养和人生经历等，都会对所写内容产生深刻的影响。很多官员，特别是因党派争执贬谪外调的官员，都会借谢表的机会委婉表达自己的感受和抱负。他们可能会在谢表中申诉被贬职的原因，进行自我辩解；也可能会叙述贬谪途中的艰辛，期望能够博得皇帝的同情而重新被重用；更有一些人，会利用呈上谢表的机会，文饰己过或者构陷他人，以达到自己的某些政治目的。而同样，谢表中某些不恰当的语句，也可能会被政治对手过分放大，变成刺向自己的利刃。

苏轼在杭州任满三年通判后，很快被皇帝从这一副职擢升为正职的知州。从熙宁七年到元丰二年，苏轼先后担任了密州、徐州和湖州的知州，他也按照宋朝的官场制度，分别呈上了《密州谢上表》《徐州谢上表》和《湖州谢上表》。苏轼对于新法的态度，并没有因为几年的杭州通判经历而转变，反而在切实感受到民众生活的艰辛与困苦之后，更加深刻地认识到了本次变法的弊端。于是，胸怀大志却无处施展的苏轼，选择在谢表中隐晦表达了自己的不满与抱怨。

幸运的是，苏轼前两次的谢表并未引起政敌的注意，于是他在《湖州谢上表》中进行了更为大胆的表达。

然而，令苏轼始料未及的是，上天没有再一次眷顾他，而他也因为这篇谢表而彻底卷入了曾经努力逃离的纷争之中。

　　苏轼到达湖州后，按照惯例，呈上了一封《湖州谢上表》。与前两篇谢表不同，苏轼的这篇文章，立刻在朝堂上引起了轩然大波。御史何正臣、李定等人，对这篇谢表进行了逐词逐句的分析，上书弹劾苏轼在用暗语讥刺朝政，随后又列举了苏轼的大量诗文，试图证明苏轼对朝廷不满已久！

　　根据《汉书·薛宣朱博专》记载，御史台中有柏树，上面栖息了很多乌鸦，因此后世也将御史台称为"乌台"。这次对苏轼的弹劾，首先有监察御史告发，后来他又在御史台中受审，于是，历史上便将这件事称为"乌台诗案"。

　　此时的苏轼命悬一线，他又会何去何从呢？让我们继续往下看。

第三节 此灾何必深追咎——命悬一线，多方施救

> 是处青山可埋骨，他年夜雨独伤神。
>
> 与君世世为兄弟，更结来生未了因。
>
> （《狱中寄子由》）

元丰二年的七月二十八日，苏轼正在湖州休假。突然，两位差役气势汹汹地闯了进来，不由分说地架起苏轼就走！苏轼立刻傻眼了，自己把地方治理得井井有条，怎么不赏反罚呢？当然，没人会回答苏轼这个问题，因为这是皇帝亲自要求审理的案子，大家只能三缄其口，先把苏轼带到京师再说。

半个月后，御史台正式开始审理苏轼"大逆不道"的案子。果不其然，这些案子都跟苏轼曾经作的诗词文章有关。当时，李定等人搜集了一百多篇"有问题"的作品，当然了，其中有一部分的确是苏轼用来发牢骚的，但更多都是被过分解读的诗作。

比如苏轼曾经写过一篇《山村五绝》，"杖藜裹饭去匆匆，过眼青钱转手空。赢得儿童语音好，一年强半在城中。"这首诗是苏轼

用来表达农民一趟一趟往城里跑，结果好处没得到多少，小孩子的口音倒是跟城里人一样了。这首诗诙谐有趣，但却是抨击了新法。苏轼觉得新法的许多条例都太过烦琐，不但没给农民实实在在的好处，反而还成了农民的负担。这首诗若说是苏轼抨击新法，倒勉强说得过去。

但《山村五绝》的另一篇，"老翁七十自腰镰，惭愧春山笋蕨甜。岂是闻韶解忘味，迩来三月食无盐。"只是说春笋没有味道，但盐又太贵了买不起。要知道，官盐专卖是北宋开国以来就有的法令，跟新法并没有半毛钱关系。可是，李定等人便一口咬定，苏轼就是在抨击新法，在老百姓那里散播新法如何如何不好，就是阻碍朝廷实施国策。

这头，李定热火朝天地构陷着苏轼，那边，王珪等人也没少给神宗皇帝吹耳边风。

有一天，王珪突然神秘兮兮地对神宗皇帝说道："官家，苏轼对官家确实有不臣之心！"

神宗皇帝吓了一跳："不会吧，苏轼虽然喜欢嘲讽新法，但他对我还是挺忠诚的啊。"

王珪立马拿了一篇苏轼描写桧树的诗作呈献给神宗，指着"凛然相对敢相欺，直干凌空未要奇。根到九泉无曲处，世间惟有蛰龙知"的诗句对神宗皇帝道："官家您看《王复秀才所居双桧》，您是真龙天子，飞龙在天。可苏轼有事儿不问您，偏说地下的蛰龙什么都知道，这可不就是对您不忠诚，公然藐视您吗？"

神宗皇帝捧来一看，自己也忍不住笑了："苏轼不过是在写桧树，跟朕有什么关系呢？"

从这件事，人们也可以看出李定、王珪等人无非是为了构陷苏轼，才拼命往苏轼身上泼脏水罢了。说来说去，苏轼连一首真正意义上的"反诗"都没有。而且，有宋一朝文人非常之多，大家闲来无事都喜欢说些尖酸刻薄的话，以此讽刺自己反对的事物。有些文人还会套用些刁钻古怪的故事来发泄情绪。与这些文人相比，苏轼不过是正常描述客观存在的现象，他遭受此劫，亦无非是才华太过，锋芒太露罢了。

不过，苏轼并不知道神宗皇帝的想法，因为他根本接触不到神宗。他能接触到的所有信息，都是李定等人传达给他的，而李定自然不会宽慰苏轼，他巴不得苏轼畏罪自尽，也省了自己多费手脚呢。

为了第一时间获得消息，苏轼便跟儿子苏迈约定了个小暗号——以后，给自己送饭只送肉和菜，如果有一天，官家下了要杀他的旨意，那便送一尾鱼来。

可是，有一天苏迈出城办事没有回来，便请一位朋友代替自己给苏轼送饭菜。朋友见苏轼的饭菜实在过于简单，便自己出钱买了条鱼，给苏轼"加个餐"。苏轼看到鱼大吃一惊，以为自己是死罪难逃了。于是，他便绝望地给弟弟苏辙留了两首诗作为遗言。后来，苏迈给苏轼解开了这个误会，苏轼这才又重新燃起了生的希望。

这边，苏轼在牢狱中越来越绝望，但外面，苏轼的亲朋好友正在拼尽全力解救苏轼。当时，参与救助苏轼的主要有这几类人。

第一类是旧党人士中的退休大臣。这些退休大臣已经离开了朝廷，他们自然不怕被牵连，也不怕遭遇贬谪。于是，他们中间颇有地位的人便毅然决然地站了出来，势必要为苏轼讨回一个公道。

已经退休的宰相张方平是三朝元老，此时已经七十多岁，他跟苏家父子的关系一直很亲密。当时，张方平得知苏轼有难，立刻就给神宗皇帝上了一封书信，请求皇帝赦免苏轼。可是，当地官员的胆子很小，一方面他害怕得罪新法人士，另一方面他又不敢得罪张方平，于是，他就将这封信私自藏了起来，没有上报。

张方平得知此事后非常生气，便让儿子张恕亲自交给皇帝。张恕同样胆子不大，他在专门受理冤假错案的登闻鼓院门口徘徊了很久，最终还是没敢把信交上去。不过，还好张恕没有上交此信，因为这封信字里行间都是夸赞苏轼才华的。当时，苏轼就是因为才华过人才身陷囹圄，如果人们看到这封信，怕更是要将苏轼除之而后快了！

除了旧党人士中的退休大臣外，革新派里的一些退休大臣也为苏轼的才华而惋惜。比如已经退休的新党首领王安石，他实在不忍心见苏轼因冤被杀，于是给神宗皇帝上了一封书信，其中有一句质问起了很大的作用，那便是"哪里有圣明的时代杀有才华的士大夫的？"可以说，这句话极大地影响了神宗皇帝的判断。因为王安石曾与苏轼不睦，此事天下皆知。如今，就连王安石都为苏轼求情，或许，拿苏轼开刀原本就是一件错误的决定。

除了退休大臣外，朝中一些正直之士也纷纷替苏轼求情。有一天，宰相吴充问神宗皇帝如何看待曹操。神宗皇帝没有多想，便说："曹操此人，不值一提。"这时，吴充趁机说道："您一向以尧舜为榜样，自然不屑于诡谲的枭雄曹操。可是，曹操都能容忍当面责骂自己的祢衡，您为何就不能容忍说了几句顽话的苏轼呢？"这一番话让神宗无话反驳，过了很久，神宗才说道："我并没有想杀他，等到是非澄清，很快就会释放他的。"

让神宗没想到的是，为苏轼求情的人不仅有退休在家的士大夫、有在朝在野的臣子，甚至还有后宫的妇人。当时，神宗的祖母曹太后病入膏肓，神宗前去探望。太后询问神宗为何不快，神宗便说了新法推行不顺利的事。

谁知，太后笑着对神宗说道："当年，仁宗皇帝高兴地跟我说，他为你选拔出了两个宰相之才，一个叫苏轼，另一个叫苏辙。如今，你有难题，为何不请教他们呢？这个苏轼现在在何处呢？"

神宗听完，老老实实地回答："苏轼因为写了反对新法的诗文，现在被关在牢狱中。"

曹太后听完落泪说道："因为诗文而身陷牢狱，我大宋从未有过这样的事。我患病已久，希望你不要再生出冤屈之事，以免伤害了天地人和。"

在多方势力的要求下，神宗逐渐动摇了惩治苏轼以儆效尤的心。可是，那些新党人士真的会就此罢手，放过苏轼吗？让我们继续往下看。

第四节　长恨此身非我有——诗案终落幕

面对来自各方面要求赦免苏轼的呼声，新党人物愈加焦急。何正臣等人纷纷上书神宗，请求神宗从重惩罚苏轼。

事实上，何正臣等并不是第一位弹劾苏轼的人。早在熙宁六年（1073），也就是苏轼担任杭州通判的第二年，我国历史上著名的科学家沈括，曾经到浙江各处巡查新法的施行情况。在此期间，沈括看到了苏轼的大量诗稿，他认为，苏轼在借用诗词，诽谤朝政。沈括的弹劾，在当时并未受到皇帝的重视，但在"乌台诗案"发生后，这些事情也随之重新浮出了水面。

苏轼大概也没有想到事情会如此发展，自己明明不是第一次做这种暗讽之事，怎么就在这篇谢表上翻了车呢？这里，我们就不得不提到他的"老熟人"王安石了。

苏轼外调离京的这几年，在汴京的王安石也没有了最初的那般意气风发。熙宁七年春，恰逢大旱，人民流离失所，宋神宗也开始考虑新法是不是真的不行。虽然王安石认为天灾使然，派人治理即可，但宋神宗还是在多方压力下，罢免了王安石的宰相职位。王安石罢相后，向宋神宗举荐了支持新法的吕惠卿和韩绛，没想到吕惠卿大权在握后，担心王安石威胁自己的位置，先是陷害了王安石的弟弟王安国，后又想要兴起案件倾覆王安石，倒是韩绛在察觉到吕惠卿的意图后，秘密奏请召回王安石。

熙宁八年（1075），王安石再次拜相。此时，变法派内部分裂严重，新法推行遭遇困难，这次的王安石没能像上次一样，收获想象中的认可与支持。次年，王安石多次托病请求离职，再加上长子病故，极度悲痛之下，他毅然辞去了宰相职位。官海浮沉，王安石早已不再像当年一般是变法的主导者，而如今变法能够继续施行，靠的是宋神宗的支持和何正臣这些"新进"。这也就是说，苏轼的前两篇谢表，还有可能是在针对变法派的其他人，元丰二年的《湖州谢上表》已经完全将矛头指向了宋神宗本人。

元丰二年六月，何正臣摘引《湖州谢上表》中的语句上奏，说苏轼妄自尊大，愚弄朝廷，并指出苏轼作为当时的文坛领袖，传播的诗词中包含着对新政的不满，非常不利于推行新政。紧接着，监察御史舒亶继续上奏弹劾，从苏轼的诗词中选取几句，证明苏轼一直在讥谤朝政，国子博士李宜之和御史中丞李定也上书指控苏轼罪行，认为他的诗词荒谬浅薄，影响却很广泛，应该斩首示众。在宋神宗的批示下，元丰二年七月底，御史台吏皇甫僎前往湖州逮捕苏轼。

当时的驸马都尉王诜是苏轼的至交好友，他听到皇甫僎要去湖州后，赶紧命人告诉了当时在南京任职的苏辙，苏辙又派人快马加鞭前往湖州，将这件事告诉了苏轼。苏轼在得到弟弟的消息之后，立刻告假在家，可皇甫僎的态度十分强硬，粗暴地将苏轼押解回京。不到一个月的时间，苏轼从湖州被押送至御史台的监狱，并由御史台负责本案的调查审讯工作，苏轼正式被提讯。

接下来的几个月，是"乌台诗案"的审讯阶段。面对御史台官员的逼供，苏轼不得不承认在杭州所作的《山村五绝》中"赢得儿童语音好，一年强半在城中"一句是讽刺青苗法，"岂是闻韶解忘味，迩来三月食无盐"一句是讽刺盐法，《八月十五日看潮》中"东海若知明主意，应教斥卤变桑田"一句是嘲讽朝廷水利难成。随后，当弹劾一派向宋神宗汇报苏轼承认罪状时，宋神宗大怒，命御史台一定要严加审查，找出所有与苏轼相关的人。

于是，御史台从四面八方抄获了大量苏轼寄赠他人的诗词，这些诗词将苏轼的三十九位好友牵连其中。苏轼寄赠司马光的《独乐园》被指讽刺新法，写给黄庭坚的《和韵答黄庭坚二首》被指痛斥"新进"，写给王诜的《汤村开盐河雨中督役》被指抨击"生事"。而苏轼，也确实在写给孙觉的《赠孙莘老七绝》中表达了对政治的失望与不满，在写给曾巩的《送曾子固倅越得燕字》中表达自己厌恶"聒耳如蜩蝉"的小政客，在写给张方平的《张安道见示近诗》中将朝廷比作荒林、废沼，在写给范镇的《送范景仁游洛中》中直言把持朝政的官员是小人，在写给刘恕的《和刘道原见寄》中说朝廷上只有一群乌鸦，而自己对小人争权不屑一顾。

元丰二年十二月，御史台完成对苏轼的审讯，将案件移交给大理寺判决。大理寺官员根据律法，判定苏轼两年有期徒刑，又因为当前朝廷发出的赦令，将他赦免。大理寺的判决，引起了御史台的不满，李定、舒亶等人上奏反对判决结果，强调苏轼犯罪动机险恶，应该"特事特办"，将他判处死刑。

审刑院对苏轼这起案件进行了复审。审刑院支持大理寺对于苏轼"当徒二年，会赦当原"的判决，认为按照当时宋朝的律例，苏轼所犯的罪行量刑就是两年，而且宋神宗颁布的赦令对苏轼也同样适用，认定大理寺秉公审判，没有纰漏。

此时的朝堂上，除了处处想要置苏轼于死地的御史一派外，还有很多人在为了苏轼的平安奔波着。宰相吴充向宋神宗直言，认为宋神宗以尧舜为偶像，又时刻警醒自己不能像曹操一样，可曹操都能容下当面辱骂他的祢衡，宋神宗也不该难容苏轼。王安石作为苏轼昔日的政敌，这次也劝谏皇帝，圣朝不应该诛杀名士。后来，太皇太后曹氏在得知此事之后，也出面干预，甚是搬出宋神宗的爷爷宋仁宗，指出当时宋仁宗说苏轼和苏辙是为子孙选拔出的宰相之才。在众人的挽救下，宋神宗终于在十二月底下令，将苏轼贬谪为黄州团练副使，轰动一时的"乌台诗案"就此落下帷幕。

在"乌台诗案"中，苏轼的很多好友都受到了牵连。驸马都尉王诜泄露机密给苏轼，调查时不及时交出诗稿，再加上他苛待公主，被免除了一切官爵；太常博士王巩与苏轼交情过密，被御史台附带告发，发配西南，比苏轼受到的责罚更重；苏辙虽然没有收到严重的毁谤诗，但他曾奏请皇帝愿意以自己的官位换得哥哥的平安，加之亲属连带关系，苏辙被贬为筠州酒监；与苏轼往来的张方平等人，各罚红铜三十斤；司马光、范镇等人，则各罚红铜二十斤。

苏轼虽为朝廷的重要官员，但他同时也是北宋著名的文学家。他作为一代文豪，一定会选择借助纸笔，抒发自己内心的感触和思想。当年进京赶考的苏轼，怀抱着无限的政治理想，打算在朝堂上大干一场，没想到却因为党派之争，不得不申请外调。在这种情况下，怀才不遇的苏轼确实有些言辞犀利，在诗词中含沙射影、指桑骂槐地批评变法，也是事实。

苏轼的确有罪，但罪不至死。他所写的那些隐晦内容，虽然触及了御史台官员的敏感神经，但平常百姓并不会过分关注和解读，所以御史台一派对于苏轼诗词影响广泛且恶劣的说法，并不成立。而且，自古明君都会给予文人一定的尊重和创作自由，不能过分干预，如果仅仅因为苏轼写了几句抒发心意的诗词，就将他斩首示众，那么宋神宗治下还有谁敢于说些真话呢？这次类似于文字狱的"乌台诗案"，说到底，还是朝廷中党派相争的结果，万幸的是，苏轼安然渡过了这次劫难。

"乌台诗案"对苏轼来说，一定是段刻骨铭心的记忆。下狱一百余天后，满脸沧桑的苏轼重新站在了阳光之下。此时的他，已经不再是那个热血直言的青年，他变得更加沉静稳重，将目光投向了祖国的大好河山。出狱后的苏轼即刻上马，前往黄州任职，开启了人生的下一段旅程，也为我们留下了更多的精彩作品。

第六章

达观的东坡居士

第一节　何妨吟啸且徐行——贬谪黄州

爆竹声中一岁除，春风送暖入屠苏。

千门万户曈曈日，总把新桃换旧符。

（《元日》）

这是王安石在推行新法之初所作的《元日》。在他看来，新法就像新年一般，会让老百姓额手相庆，对自己拥戴不已。谁知，新政推行到现在，老百姓却恨自己入骨，而新法也变得一团糟。想必，王安石的新年再不会有"爆竹声中一岁除，春风送暖入屠苏"的喜庆了。

不过，相比王安石，对新年更没期待的当属苏轼了。元丰三年（1080）春，在举国迎接新年的欢庆声中，苏轼黯然离开了汴梁。他的目的地，是千里之外的黄州。

此时的苏轼已经认命了，黄州虽然偏远，但离开诡谲的朝局未必不是件好事。与诗歌为伴，与美食相遇，这不比尔虞我诈的生活更好？

所以，在老友担心他不适应黄州时，他也只是云淡风轻地说道："黄州岂云远，但恐朋友缺。"是啊，只要有信任自己、支持自己的好友在侧，区区山高路远，又算得了什么呢？

可就在苏轼豪情万千地来到黄州之后，他才发现原来是自己天真了。与杭州、密州等地不同，当年，他是以官员的身份来到地方。他有地方住，有美食吃，有俸禄领。可此时，他是以"犯官"的身份被撵到黄州的，他根本没有可供居住的官邸。而且此时的苏轼囊中羞涩，已经到了走投无路的地步了。

好在，苏轼前半生一直在做好人好事，他的善名和才情也早已传到了黄州。黄州定慧院有位院持，名叫颙师。颙师长老极力邀请苏轼到定慧院暂住一段时日。原来，这位颙师长老慕苏轼大名久矣，得知苏轼来到黄州，他立刻让人打扫出一间紧靠着竹林的院落，以供苏轼落脚。

面对颙师长老的盛情，本就走投无路的苏轼当即答应。于是，苏轼便来到定慧院与和尚们同吃同住，闲暇时间，他还会跟颙师长老谈论谈论佛法，日子也算惬意非常。

聊到苏轼，人们总习惯用"乐观""豁达"等字眼来描述。因为苏轼仕途的确多舛，但他总能凭借乐观的心态和好人缘安然渡过困境。林语堂曾将苏轼称作"无药可救的乐天派"，然而，就像王安石并非"冷心冷血的拗相公"一般，苏轼的乐天，也无非是顺应当下，让自己的人生安然快乐一些罢了。

相比常人，他承受了更多难以释怀的过往。或许，苏轼对自己的遭遇根本没有释怀，他只是很好地掩饰了自己，乐呵呵地继续往前走罢了。

就像他在定慧院定居期间写的这首《卜算子》。

缺月挂疏桐，漏断人初静。谁见幽人独往来，缥缈孤鸿影。
惊起却回头，有恨无人省。拣尽寒枝不肯栖，寂寞沙洲冷。

（《卜算子·黄州定慧院寓居作》）

面对自己多舛的命运，他也会觉得"缺月挂疏桐""寂寞沙洲冷"，一个乐观阳光至此的人，背后也藏着无数不为人知的落寞。

转眼间，苏轼在定慧院住了三月有余。此时，苏辙已经将哥哥苏轼的家眷送到了黄州。想当初，苏轼在湖州被人用锁链捆去了汴梁，家中亲眷担惊受怕，惶惶不可终日。后来，苏轼被释放的消息传来，苏轼的续弦王闰之（王弗堂妹）等家属才算放下心来。

罢了，罢了。贬官也好，升迁也罢，只要人没事，家人还能奢求什么呢？

这边，苏轼见到了久违的家人自然欣喜不已。但由于女眷甚多，苏轼便无法再住在寺中了。所幸，又有一位热情的人士向苏轼伸出了援手，这个人便是黄州知州陈君式。

陈君式为人热心，素来好客，且此人同顒师长老一样，都对苏轼的才名慕之已久。他不仅没把苏轼看成犯官，而且还慷慨解囊，将苏轼一家人安置在了临皋亭。

临皋亭是黄州本地的一个驿站，原本就是接待沿途赴任官员的场所。这里风景秀美，只需往外走一走，便可领略云雾缭绕、层峦叠嶂的山河。苏轼对此地自然十分满意，他很喜欢这种秀美的景致，闲暇时间，他就会在这里欣赏水墨丹青一般的风光，偶尔作作诗、作作画。谁说这样的日子不比在汴梁搅弄风云更加快乐呢？

就这样，苏轼在黄州度过了一段虽然困苦，但却依然闲适的生活。

然而，意外与离别总在不经意间悄然而至。这年八月，苏轼的乳母任氏因在黄州水土不服，骤然离世。苏轼沉浸在悲伤之中，久久无法释怀。可正所谓"福无双至，祸不单行"，苏轼还未从乳母离世的悲伤中缓过来，他又接到了弟弟的消息，原来，侄女也不幸夭折了。仅仅过了两个月，苏轼的堂兄苏不欺的讣告又被送到了黄州。

苏轼捧着讣告泪眼婆娑，环境困苦，他尚且可以苦中作乐，可珍视的亲人接二连三地去世，就让苏轼一时间无所适从。再三思虑下，他决定彻底对朝局放手，转而向黄州的新知州徐君猷讨要了一块废弃的土地，从此从文人变成了农夫。

徐君猷对苏轼也十分大方，他指着东坡的土地对苏轼说，只要他愿意，这些土地都可以任他开垦。苏轼欣然接受，带着全家开垦了五十亩农田。从此，苏轼便成了"东坡先生"。

遥想前唐，大诗人白居易也曾被贬到忠州。可是，白居易并没有气馁，也没有颓丧，他在城东的土坡上种满了花草，还将之取名为"东坡"。苏轼思及此处，便在东坡盖了五间房子，将其命名为"东坡雪堂"。

黄州盛产猪。当地人们嫌猪肉有土腥味，故而不愿食用。可东坡却很喜欢这种便宜的肉类，他还专门发明了烹制猪肉的食谱，并取名为"东坡肉"。

天自薄待于我，我却不负于天。苏轼以蓬勃的生命力应对在黄州的种种遭遇。是啊，人在历经岁月之枯荣后，又有什么再难释怀的呢？

元丰五年（1082）三月初七，苏轼在沙湖道遇上了大雨。当时，就连有雨具的人们都慌忙奔走，更遑论那些没有雨具的人们了。可是，苏轼虽然没有雨具，但却信步走在雨中，悠然自得地散起了步。周围的人感到非常奇怪，只觉得这位东坡先生八成是个怪人吧。但仔细想想，苏轼此举除了保有一些童真外，也恰恰印证了他比年少时更为泰然了。

只要心志坚定，就可以悠然地等候雨停，等待放晴。

莫听穿林打叶声，何妨吟啸且徐行。竹杖芒鞋轻胜马，谁怕？一蓑烟雨任平生。

料峭春风吹酒醒，微冷，山头斜照却相迎。回首向来萧瑟处，归去，也无风雨也无晴。（《定风波·莫听穿林打叶声》）

如今的苏轼，已经是个懂得在人生路上直面风雨的洒脱之人。从此，他不再在意朝廷的纷纷扰扰，也不再理会新政旧党。他将守着自己的温暖而有趣的灵魂，永远鲜活、永远旺盛地生长。

第二节　六月田夫汗流泚——苦中作乐亦生香

真珠为浆玉为醴，六月田夫汗流泚。不如春瓮自生香，蜂为耕耘花作米。

一日小沸鱼吐沫，二日眩转清光活。三日开瓮香满城，快泻银瓶不须拨。（《蜜酒歌》）

苏轼并非富贵人家的公子，做了这么多年官，他一直是"俸入所得，随手辄尽"，也没能攒下多少银钱。此番贬谪黄州，要是换做第二个人，都会被这物质和精神的双重压力击垮。

幸而，来到黄州的人是苏轼。他短暂地为自己的遭遇伤感一番后，便振作了精神，开始探索黄州了。不过，在探索黄州之前，苏轼首先要解决人生在世的三大难题。而这三大难题的头一件就是花销问题。

苏轼在黄州担任的职务是"黄州团练副使本州安置、不得签书公事"，意思是我给你个虚职，让你以犯官的身份接受黄州官府的看管。你也不用去管老百姓和朝廷，因为你没这个权力。当然了，你要是实在看不下去，非要管，那我也不会给你算入政绩，纯当你发挥个人风格做好事了。

在这个职位上，朝廷只会发放极其微薄的补贴，而且这些补贴都是实物配给，根本没有正常的俸禄。来到黄州之后，苏轼一家老小二十多口人的花销立刻让苏轼捉襟见肘。

按照当时黄州地区的物价水平，一斗米的价格大约是二十文，一匹绢的价格大概是一千二百文，盐、柴、油等日常花销皆不算，苏轼一家二十多口一个月也要四千多文。苏轼现在是犯官，根本没有这么多钱，怎么办呢？

有人给苏轼想办法，说你不是有才嘛，黄州也有的是富贵人家，你靠卖诗词卖画作，也能过得相当滋润了吧？可苏轼不这么想，他才不愿意为了几个钱而"屈身事权贵"呢！那怎么办呢？苏轼想出了一个很有他个人风格的办法——有钱我就多花，没钱我就少花呗。

于是，他精心制作了计划表，规定每天的花销不能超过一百五十文。每月初一，他会取出四千五百文，然后分成三十份，挂在房屋梁上。每天早上，他用叉子挑下来一份，交给夫人打理家用。如果有剩余的钱，他就另外存在一个大竹筒里，作为平时接待客人的花销。

别人看了苏轼的"办法"有些佩服，又有些担忧，于是对他说："即便您这样精打细算，但手里的钱想必也只能支撑一年吧？那一年之后又该怎么办呢？"面对这个现实的问题，苏轼只是大手一挥道："至时，别作经画，水到渠成，不须预虑。以此，胸中都无一事。"意思就是等钱全用光了再说吧，一年后的问题，就交给一年后再考虑。聪明人嘛，从来不提前给自己找烦恼！

花销问题解决了，下面要解决的就是住房问题。我们已经说了，苏轼这样的犯官住不了朝廷配给的府邸。好在，苏轼朋友多、人缘好，他们二十多口人都可以住在旅游景点临皋亭里。不过，从表面看，临皋亭水景秀丽，离江边又近，但实际上住在这里十分闷热潮湿。

而且，我们从临皋亭这个名字就能看出，这个地方其实很狭窄。如今，一家三口住在六十平方米的房子里尚且觉得拥挤，更何况当时二十多口人住在一个小小的临皋亭呢？不过，这个问题也被苏轼解决了。他在东坡盖了五间农舍，这五间农舍不仅成了苏轼一家的栖身之所，也成了苏轼在黄州的精神象征。

这最后一个问题，就是吃饭问题了。对"拗相公"王安石来说，可能吃饭问题都不能算生活问题，毕竟他曾经干过吃鱼饵的事情。但是，对热爱美食美酒的苏轼来说，吃饭问题可是个困扰他的大问题。

宋人喜欢吃羊肉，苏轼也不例外。可是，宋朝的羊肉实在太贵了，而且还不允许平民百姓随便购买。此时，苏轼就算有资格买羊肉，他也是囊中羞涩，负担不起。

怎么办呢？苏轼几乎没有多想，就脱下了读书人的长衫，换上了农夫的短打，将手中的笔杆子换成了锄头。没有米、没有菜，那就自己种呗。想当年，白居易被贬为忠州刺史时，曾写了一首有名的《东坡种花》："朝上东坡步，夕上东坡步。东坡何所爱，爱此新成树。"数百年后，在东坡种花的人变成了苏轼，这世间亦多了一位东坡先生。

有时候，苏轼干农活干累了，便暂时放下锄头，回屋里喝一碗水，歇上一歇，写两首诗，作一篇文章，这又怎能不算雅俗共赏的生活呢？

不得不说，苏轼不仅写诗作赋是把好手，就连种地也十分擅长。第二年，苏轼的农田就产出了两千多斤大麦。不过，那时候的宋人并不擅长烹饪，苏轼也只是用大麦来做大麦饭充当口粮。大麦饭有一个特点，就是又黏滑、又筋道，嚼在嘴里咯吱作响。于是，苏轼的儿子们边吃边说："这个大麦饭吃起来跟咬跳蚤一样，而且还酸不溜丢的。"

苏轼为了提高孩子们对大麦饭的兴趣，就将黄色的大麦与红豆掺在一起做。苏夫人品尝了一下觉得味道还不错，于是给大麦饭取了个名字，叫"二红饭"。

不过，这些饭自己家人吃一吃也就算了，如果有朋友来做客，光请客人吃二红饭岂不是太没面子？想了想，苏轼在墙壁上写了一篇《节饮食说》。

东坡居士自今已往，早晚饮食不过一爵一肉。有尊客则三之，可损不可增。主人有召我者，先以此告之。若不从而过是乃止。一曰安分以养福，二曰宽胃以养气，三曰省费以养财。（《节饮食说》）

这是什么意思呢？就是说，东坡居士从今天开始，每天早饭、晚饭都只喝一杯酒、只吃一块肉。如果有尊贵的客人来访，即便家里摆了丰盛的酒宴，我也只喝三杯酒，吃三块肉。如果有人请我吃饭，我也要先告诉大家我吃饭的原则就是这样，如果对方请客超过我这个界限，那我就不去赴宴了。为什么我要这样做呢？第一，安分积福；第二，养胃养神；第三，省钱养财。

北宋时期道家盛行，不少人都学着道家养生的辟谷方法，所以，苏轼此文倒也符合北宋的实际情况。而且，亦不会出现欠人人情无法归还的情况，可谓是一举两得。

至于东坡肉的发明过程，其实也是东坡先生的无奈之举。黄州本就盛产土猪，但是，这种猪肉发腥，虽然价格非常便宜，但就连本地人都不太愿意食用。苏轼本来就喜欢吃肉，而这种价格便宜的土猪对苏轼来说简直是最佳选择。为了让土猪的口感与味道变得鲜美，苏轼下了很大一番功夫，最终才发明了软烂入味的东坡肉烹制方法。

为此，苏轼还颇为得意的为猪肉作了一篇颂文。

净洗铛，少著水，柴头罨烟焰不起。待他自熟莫催他，火候足时他自美。黄州好猪肉，价贱如泥土。贵者不肯吃，贫者不解煮。早晨起来打两碗，饱得自家君莫管。（《猪肉颂》）

除了东坡肉，苏轼还发明了东坡羹，而且，东坡羹也有颂文为证。

东坡羹，盖东坡居士所煮菜羹也，不用鱼肉，五味有自然之甘。其法以菘，若蔓菁，若芦菔，若荠，皆揉洗数过，去辛苦汁，先以生油少许涂釜缘及瓷碗，下菜汤中，入生米为糁，及少生姜，以油碗覆之，不得触，触则生油气，至熟不除。（《东坡羹颂并引》）

翻译成菜谱就是：把大白菜、卷心菜、大萝卜、荠菜反复揉搓，清洗干净，这样就能去掉菜里面的苦味。在大锅和大瓷碗里抹上油，把切碎的蔬菜和少许生姜放入锅中烹煮。最后把米饭与蔬菜一起蒸熟，就能实现一次性把饭和菜都做好。

这种东坡羹类似于我们今天的盖浇饭。不得不说，东坡先生即便落魄，亦在饮食方面讲究非常。而这种热爱生活的精神，也是让后世颇为称颂的一点。

第三节　寄蜉蝣于天地——悠游赤壁

乌林赤壁事已陈，黄州赤壁天下闻。

东坡居士妙言语，赋到此翁无古人。

（《题徐参议画轴三首·赤壁图》）

这是南宋初年，一个叫王炎的诗人所写的一首诗。这首诗简单明了地赞扬了苏轼，也提到了一个自古以来就颇有盛名的地方——赤壁。

大江东去，浪淘尽，千古风流人物。故垒西边，人道是，三国周郎赤壁。乱石穿空，惊涛拍岸，卷起千堆雪。江山如画，一时多少豪杰。遥想公瑾当年，小乔初嫁了，雄姿英发。羽扇纶巾，谈笑间，樯橹灰飞烟灭。故国神游，多情应笑我，早生华发。人生如梦，一尊还酹江月。（《念奴娇·赤壁怀古》）

这是苏轼的《念奴娇·赤壁怀古》。滚滚长江东逝水，浪花淘尽英雄。如今，英雄已随风而逝，空留后人无限神思。

当年苏轼被贬黜黄州，承蒙临皋亭之赐，让他有幸仔细一观大江对岸的樊山。东汉末年，东吴将军孙权曾在此处修建过避暑行宫。而赤壁之战时，东吴大都督周瑜的水军就从此地经过，与黄州南岸的刘备会合，一同迎战曹军。

对命途多舛的苏轼来说，三国时代的悲剧人物太多，他回望古人，联想自己，不由得也对这缥缈山水寄托了情怀。居住在临皋亭时，苏轼常常与三五好友或泛舟渡江，前往樊山怀古，或取一壶好酒，再打上几尾鲜鱼。

元丰五年（1082）的七月十六日，苏轼的好友杨世昌特意从蜀地前往黄州，探望这位命途多舛的旧友。苏轼见杨世昌有如此美意，心下自然十分感激。于是，苏轼带着杨世昌一同泛舟于江上。不知不觉间，二人的小舟就漂到了赤壁之下。

苏轼取来好酒，与杨世昌一边饮用，一边作了诗词文章吟诵。诗兴大发时，苏轼便唱起歌来。或许是被苏轼的豪情万丈所感染，或许是被赤壁旧址引发了豪情，又或者，杨世昌只是单纯酒到酣处，需要借箫声来抒发情感。总之，在苏轼唱歌之际，杨世昌也取出箫来缓缓吹奏着。

在赤壁之下，江水之上，杨世昌的箫声格外的哀哀切切，不绝于耳。此情、此景、此音，即便是心态已经趋于平和的苏轼，也不禁正襟危坐起来。

"杨兄之箫声，何以如此哀怨痛绝？"苏轼忍不住出言相问。

杨世昌亦正襟危坐道："曹孟德曾有诗曰：'月明星稀，乌鹊南飞。绕树三匝，何枝可依？'如今，你我二人在江流之上饮酒谈笑，曾几何时，曹操等英雄何尝不是酾酒临江，横槊赋诗？可如今，他们已随风逝去，我们某天亦是如此。无论是曹操也好，你我也罢，大家都如同这江中的一滴水，如同沧海中的一粒粟罢了。我对此事毫无办法，我虽想成为天上的明月，长长久久地看着这世间，但我也知道这是不可能的，所以我只能将遗憾和哀愁寄托于箫声罢了。"

听完杨世昌的感叹，苏轼却忍不住笑了。在他看来，这长江也终有干涸的一天，那明月也尚有阴晴圆缺。如今，杨世昌在这里吃着"东坡鱼"，喝着"东坡酒"，看着秀丽江水，怀念三国赤壁，这是多么令人羡慕的生活。若明月有知，或许也想成为与自己共游赤壁的杨世昌呢！于是，苏轼便告诉杨世昌：与其想要长生，倒不如好好活在当下，珍惜时光，不论是江上的清风也好，还是山间的明月也罢，只要我们曾经感受过，那就算得上不枉此生了。

说完，苏轼大笑着吟诵那流芳后世的《念奴娇·赤壁怀古》："大江东去，浪淘尽……"在长江之上，苏轼豪情万丈，"歌赤壁之词，使人抵掌激昂，而有击楫中流之心"，杨世昌亦被这首气势磅礴的词作感染，二人虽各怀心事，但还是放声大笑，以不负赤壁前人。

三个月后，苏轼等人再度来赤壁游玩，并写下了著名的《赤壁赋》与《后赤壁赋》。当时，苏轼攀岩而上，豪情万千地站在了一处险壁之上。虽然苏轼不怕高险，但同行的友人却十分担心。在众人的再三劝说下，苏轼这才从高处下来，与友人一同回到舟船之上。

大家并不在意身边的风景，只是在这万丈波涛间随意漂流。就在大家意兴正浓时，从远处飞来了一只白鹤，与他们的舟船擦肩而过，让众人十分欢喜。

晚上，回到家中，劳累一日的苏轼很快便进入了梦乡。梦中，苏轼看到了一名道士，他身穿羽毛编织的衣衫，步伐轻快地走过临皋亭，并笑着与苏轼拱手致意。苏轼见他不俗，便想与之交谈。谁知，这位道士张口便说："赤壁之游，乐否？"

苏轼忙问道士姓名，可道士却三缄其口，并不回答。半晌，苏轼才恍然大悟道："原来，你是今日与我们舟船擦肩而过的白鹤！"道士见苏轼识破了自己的身份，便哈哈大笑，抽身离去。苏轼这才惊醒，恍然发觉不过是黄粱一梦。

这故事虽然听上去十分玄幻，但却实实在在记录于苏轼的《后赤壁赋》中。后人每每读到此处，都称这不过是苏轼对杨世昌的戏言，因为杨世昌本就是一名道士，而他又渴望成仙长生。于是，苏轼便将其刻画成白鹤的形象，记录在文章之中。

事实真的如此吗？我们当然不得而知。不过，苏轼的人生原本就带着一丝奇幻色彩，或许，他真的做了一个光怪陆离的梦。梦中，白鹤幻化成了道士，专程来与这位旷世才子一会也未可知。事实上，苏轼的文章也都带着一些浪漫气息，正如他的侄孙苏籀所言："子瞻诸文皆有奇气。至《赤壁赋》，仿佛屈原、宋玉之作，汉唐诸公皆莫及也。"

若不是苏轼原本就带着一些仙侠之气，又怎么会有如此之多的仙侠故事，与这位东坡先生息息相关呢？

据说，当年黄州还流传着这样一个故事：

话说苏轼刚到黄州之时，便有一位身穿白衣的秀才请苏轼写诗。这些年来，苏轼才名远播，经常有人向他求取诗词，而这位白衣秀才，想让苏轼以"赤壁"为题，将临皋亭前的滔滔江水描写出来。

苏轼为人豪爽，很痛快地答应了这位秀才。谁知，到了约定之日，这位秀才却没有出现。之后，苏轼也便将此事抛诸脑后了。

一日，苏轼在赤壁宴请好友，谁知原本风平浪静的江面突然波涛汹涌起来。苏轼眼见此景，立刻联想到了当年的赤壁大战。于是乘着酒兴大笔一挥，写就了名传千古的《念奴娇·赤壁怀古》。

没想到，苏轼这首词刚写好，一个大浪便打向苏轼的船头。

一条通身雪白的大鲤鱼一口便衔走了苏轼刚写好的词作。众人无不惊叹，但又无可奈何。

当天晚上，苏轼梦中与白衣秀才再次相会。对方称自己久闻东坡居士大名，此番求得佳作，愿将一副石枕、石床赠与苏轼，聊表心意。苏轼醒来后，发现自己果然睡在一副石枕、石床上！

当然，这个故事肯定是后人杜撰的。不过，与这个故事相关的"睡仙亭"一直留存至今，是黄州著名的景点之一。而通过这个故事，我们也不难发现，人们总是愿意将一些美好的东西与苏轼联系起来。

或许，这便是苏轼令人称羡不已的个人魅力之一吧。

第四节　夜饮东坡醒复醉——自命东坡居士

"知不可乎骤得，托遗响于悲风。"自小，苏轼就深受庄子的影响。他在品读《庄子》的时候，最喜欢的一句话就是"知其不可奈何而安之若命"。这句话的意思也很好理解，那就是，这件事既然已经发生了，而且我也没有什么解决办法，那就当成命中必须经历的事情去接受好了。或许，正是这样豁达乐观的态度，才成就了苏轼，亦成就了宋词。

世事一场大梦，人生几度新凉。夜来风叶已鸣廊，看取眉头鬓上。
酒贱常愁客少，月明多被云妨。中秋谁与共孤光，把盏凄然北望。

（《西江月·世事一场大梦》）

这首《西江月》是苏轼在中秋之夜所写，古往今来，这首诗一直被人们解读为因思念弟弟苏辙所作。然而，"中秋谁与共孤光，把盏凄然北望。"此时苏轼在黄州，苏辙却在筠州，黄州在湖北，筠州在江西，筠州比黄州更靠南方。如果苏轼真是思念胞弟，又为何要把盏往北望呢？想必，苏轼是在贬谪生涯中突然触发情感，但却无法改变现状，只能将一腔愁绪融入酒中，随后一饮入肚，坦然接受罢了。

此后，苏轼便彻底放飞了自我。想必庄子若与苏轼同处在一个时代，二人必能成为彼此的"鱼"，能明白那虚无缥缈的"鱼之乐"吧。

元丰五年九月，一首《临江仙》突然传遍了黄州的大街小巷。

夜饮东坡醒复醉，归来仿佛三更。家童鼻息已雷鸣。敲门都不应，倚杖听江声。

长恨此身非我有，何时忘却营营。夜阑风静縠纹平。小舟从此逝，江海寄余生。（《临江仙·夜饮东坡醒复醉》）

好一个"小舟从此逝，江海寄余生"！这句词格外沧桑凄楚，但字里行间却又不乏英雄壮士的豪情。夜阑风静，家家户户都陷入了醋甜的梦境。只有苏轼孤零零地站在波涛之侧，听江水随风上下翻涌。

如果此时，江中有一只残破的小舟，它虽然残破不堪，却仍然顽强地浮于江湖之间，同这明月清风一般，笑看浪花翻涌。那么，这只小舟一定能成为东坡先生的知己，它亦能载着东坡先生随风入梦，从此江海寄余生。

不过，这世上并不是所有人都能理解东坡先生的浪漫。很快，这首《临江仙》被黄州百姓曲解了。或许是他们太过同情东坡先生，渴望他从此自由，得道成仙。又或许是他们太害怕东坡先生离开黄州。总之，当这首词传入黄州知州徐君猷耳中时，还有另一则谣言作为辅助——东坡先生已然乘舟远去，此时已不在黄州了。

听到这个消息，徐君猷不由得大惊失色。于公，苏轼的身份乃是"犯官"，他徐君猷有监视管制的职责。如果苏轼离开黄州，或在黄州有个什么闪失，那他徐君猷也是要"吃不了兜着走"的；于私，徐君猷敬羡苏轼久矣，二人算得上是知交好友，苏轼若乘舟远去，又怎能不告知自己？难道，他是出了什么意外不成？

思及此处，徐君猷再也坐不住了，他立刻驾车直奔临皋亭。谁知，苏轼昨夜饮酒作诗，睡得实在是太晚了。徐君猷到达时虽已日上三竿，但苏轼仍在卧榻上与周公相会。

家人们害怕徐君猷怪罪，忙要将苏轼请起。谁知，徐君猷见《临江仙》不过是误会一场，当即哈哈大笑起来，也便任由苏轼"夜饮东坡醒复醉，归来仿佛三更"了。

不管走到哪里，苏轼都能凭借出色的个人魅力获得众人的追捧。不过，受到太多关注也总归是有利有弊的。元丰六年（1083）的冬季，苏轼的身体状况变得越来越差。好不容易熬到二月，本以为等开了春就要好了，谁知这"乍暖还寒时候最难将息"，苏轼身体状况不但没好转，反而又添了风寒咳嗽之症，不得不再次缠绵病榻。

结果，这风寒之症还没好利索，他又因为食用了大量辛辣油腻的刺激之物而引发了便秘，继而患上了痔疮，而且还得了红眼病。没办法，苏轼只好在家中休养，约有一两个月都没出过门。

这黄州城内，谁不知道苏轼是出了名的爱游玩、爱美食？这一两个月都没见到苏轼，不管是卖猪肉的也好，卖花椒的也好，卖茶叶的也好，卖青菜的也罢……大家都开始犯了嘀咕，这东坡先生到底是怎么了？

就在大家猜疑的时候，元丰六年四月，苏轼的同期曾巩在江宁染病，不幸离世。当时，便有谣言传出，称苏轼和曾巩在同日病故了。

苏轼在家休养，此时的他还不知道，关于自己"病故"的消息已经传得满天飞了。不只是黄州，就连远在汴梁深宫里的宋神宗都听到了这个传闻。

其实，宋神宗一直非常欣赏苏轼的才学，当年，他也是迫不得已才"牺牲"了苏轼，将他贬谪到了黄州。如今，苏轼的"死讯"传来，宋神宗十分伤感，忙召见了他的同乡宗孟询问此事。面对宋神宗的疑问，宗孟也是丈二和尚摸不着头脑。若说苏轼还活着吧，那为什么铺天盖地都是苏轼已死的传闻？若说苏轼死了吧，自己也确确实实没有收到任何讣告。于是，宗孟只好模棱两可地说道："日来外间似有此语，但未知是否确实。"

得！合着白问了。

宋神宗大手一挥打发了宗孟，独自陷入了伤悲之中。

这边宋神宗以为苏轼已死，难过地连连叹息"才难"，甚至连饭食都吃不下去了。那边范镇听说此事，更是难过得无以复加。他当即失声恸哭，还让自己的家族子弟代自己去黄州吊唁，并好生安抚苏轼的家属。结果，范镇老先生派去的弟子一瞧，苏轼好好地在临皋亭休养呢！

听说此事后，苏轼也是哭笑不得。没办法，谁让咱人缘好，名气大呢？

元丰六年九月二十七日，苏轼的侍妾王朝云为他生下了一个儿子。对于这个孩子，苏轼简直是喜爱非常。这孩子是苏轼的老来子，也是苏轼漂泊半生后才有的孩子。

在此之前，苏轼虽然已经有了三个儿子，但当年自己心高气傲，对三个孩子也教导过严，生怕这些孩子成为平庸之人。可到了这个孩子，苏轼只是爱怜地说道："与其让他功成名就，倒不如让他无灾无难，安稳地度过一生吧。"于是，苏轼专门给这个孩子取名苏遁，同时，他还作了一首诗以表心愿。

> 人皆养子望聪明，我被聪明误一生。
> 惟愿孩儿愚且鲁，无灾无难到公卿。

（《洗儿》）

这首诗虽然流露出平浅却忧伤的情感，但也不乏一丝童趣与天真。事实上，苏轼一直保持着自己最初的坦率和热忱，他虽然离开了朝局，但依然有很多热爱的东西，比如诗词歌赋，比如美酒佳肴，比如与三五好友谈天叙旧，苦中作乐。

元丰六年十月十二日，有"睡仙"之称的东坡先生忽然失眠了。他拒绝了周公入梦的邀请，满怀闲情逸致地去承天寺寻找张怀民，让张怀民陪同自己，一起在中庭散步。

元丰六年十月十二日夜，解衣欲睡，月色入户，欣然起行。念无与为乐者，遂至承天寺寻张怀民。怀民亦未寝，相与步于中庭。庭下如积水空明，水中藻、荇交横，盖竹柏影也。何夜无月？何处无竹柏？但少闲人如吾两人者耳。（《记承天寺夜游》）

令苏轼开心的，并不是在中庭散步这件小事，而是入夜后，仍然有愿意陪伴自己做些无聊事的好朋友。正所谓"山下兰芽短浸溪，松间沙路净无泥，萧萧暮雨子规啼。谁道人生无再少？门前流水尚能西！休将白发唱黄鸡。"

所以管他什么功名富贵，管他什么功成名就，人生在世短短数
十载，能让自己过得开心，能得知己好友在侧，那便已经是难得的
幸运了。

第三篇

此心安处是吾乡：老年归途

第七章

为民请命的学士

第一节　身如不系之舟——十年宦游

苏轼在黄州临皋亭过着闲云野鹤的潇洒生活，可宋神宗一直没有忘了苏轼。早在元丰三年，苏轼刚被贬谪到黄州不久时，宋神宗就在考虑如何将苏轼召回朝廷的事了。

当时，王安石已经辞掉了相位。宋神宗亲自从王安石手中接过了变法的大旗，并再一次做了一个令人吃惊的决定——他恢复了唐朝的三省制，设置了中书省、门下省和尚书省。中书省专门负责为神宗皇帝拟旨，门下省负责审核，尚书省负责实施。

同时，宋神宗为了防止宰相的权力过大，于是特意将侍中、中书令、尚书令这三个首席长官空悬，将尚书省的左仆射兼门下侍郎和右仆射兼中书侍郎设置为宰相，将门下侍郎、中书侍郎、尚书左右丞设置为宰相的副手。

到了元丰四年，宋神宗便打定主意，要调节新党和旧党之间的矛盾，并且打算召回苏轼、司马光等人。在商讨官职时，宋神宗便明示众人："此诸人虽前此立朝议论不同，然各行其所学，皆是忠于朝廷也，安可尽废？"他要将司马光指定为御史中丞，并且把中书舍人、翰林学士的官衔留给苏轼。

可惜，当时辅佐宋神宗的人乃是蔡确、王珪。这两个人虽然名义上是新党成员，但实际上，他们都是没什么主张的投机派。对投机派来说，国家实行什么政策都无所谓，他们只负责奉承皇帝，讨皇帝的喜欢，以此达到平步青云的目的。

如今，眼看着司马光、苏轼等人要复权，蔡确、王珪怎能善罢甘休？于是，蔡确便略施小计，就让宋神宗改变了召回司马光等人的想法。

原来，蔡确素来擅长体察圣意。他知道，宋神宗的梦想一直是灭掉西夏，而司马光坚决反对宋朝与西夏一战。于是，他便让其党羽给神宗皇帝献上了《平西夏策》。蔡确心想，只要我鼓动神宗发兵西夏，你司马光肯定会拒不入朝的，如此一来，我手里的权力也就不会缩水了。

事实恰如蔡确预料的那般。神宗皇帝看到《平西夏策》后大喜过望，立刻便与蔡确等人谈论起征伐西夏的事情来。可惜，元丰五年，宋军在与西夏的战争中铩羽而归。此时，他虽然有意召苏轼入朝，但军事上的事情已经够让他焦头烂额了，加上王珪等人一直从中作梗，于是苏轼起复也就一拖再拖，终于拖到了元丰七年（1084）的春天。这时候，宋神宗也懒得再跟群臣废话，他直接以皇帝的手札给苏轼下达了恩典，让苏轼赶紧去汝州做团练副使。

其实，苏轼在黄州的职位也是团练副使。但如今，宋神宗手札一到，明眼人都能看出来苏轼要时来运转了。元丰七年三月，皇帝的特赦令到了黄州。咱们前面提到，人家皇帝施恩于你，那你苏轼就得上表谢恩，这是北宋的规矩。

想必苏轼是怕了这谢表制度了，但没办法，该写的东西总是不能逃脱的。就这样，苏轼又写了一篇《谢量移汝州表》上呈宋神宗。宋神宗看了这篇谢表，立刻称赞了苏轼斐然的文采。谁知，这篇让神宗如此赞赏的谢表，仍然被一些人挑出了毛病。

这些人称，苏轼这篇谢表看似是在谢恩，实际上是他不想为朝廷效力，有意迁延观望。宋神宗眉头一皱，嗯？哪里迁延观望了？他怎么就没看出来呢？这时候，这些人又说了，苏轼这篇谢表里，像"兄弟并列于贤科"，还有"惊魂未定，梦游缧绁之中"，都是不承认自己有罪，没有悔过之意，且迁延观望不愿前来的意思。

这可真是"欲加之罪，何患无辞"了。宋神宗听到此论，也不由得把眉毛拧了起来："朕已灼知苏轼衷心，实无他肠也。"是啊，之前"乌台诗案"是我没有办法，为了变法大业只能牺牲苏轼。现在变法大旗我亲自扛起来了，你们这些小伎俩、小计谋也就不必再用了。

就这样，苏轼在黄州的贬谪之期终于算是告了一段落。虽然他很期待前往汝州的生活，但黄州大大小小的军民百姓却很是不舍。众人为苏轼设宴相送，最终，这位东坡先生还是纵马远去，消失在了人们的视野中。

然而，不知命运是否格外薄待这位才子。就在苏轼准备好重新开始时，老天又给他设置了一个巨大的障碍——元丰七年七月二十八日，备受苏轼宠爱的小儿子苏遁因病夭折在去往江宁的途中。老年丧子，这是苏轼人生中的又一大悲剧。

此次到江宁，他遇到了一个人，一个同他斗争了半生的老人——王安石。

元丰七年七月，苏轼的船抵达了江宁。此时的王安石已经垂垂老矣，再不见当年意气风发之态。船只尚未靠岸，苏轼就看到了在此迎候的王安石。此时，二人都远离了朝局，他们终于可以只谈风月，不问党争了。

二人见面的一刻，我们不知道苏轼的漂泊之苦是否更深一层。

但从表面看，这次相遇，王安石与苏轼彼此都是释然的。王安石本就不善言辞，苏轼虽然幽默风趣，但面对曾经的政敌，想必他亦不能随意戏谑，谈笑风生。

不过，这次见面之后，苏轼却给予了王安石很高的评价。

> 将有非常之大事，必生希世之异人。使其名高一时，学贯千载。智足以达其道，辩足以行其言。瑰玮之文，足以藻饰万物。卓绝之行，足以风动四方。用能于期岁之间，靡然变天下之俗。（《王安石赠太傅制》）

而后世文人墨客也经常将二人此次的见面演绎出各种版本，以此渲染两个才子之间的惺惺相惜。事实上，北宋时期的邵伯温就曾记录过苏轼与王安石的这次会面。据邵伯温说，苏轼与王安石见面之后，二人便说起了新党领袖吕惠卿的坏话。从时间线上看，他所撰写的这次会面的内容还是很有可信度的。可是，如果从邵伯温的身份上看，这篇文章就值得怀疑了。

邵伯温是司马光、富弼等人的好友，是坚定的旧党人士。我们都知道，史书都是由人编撰的，既然是由人编撰，那就势必会带有个人的感情色彩。古往今来，就连司马迁、欧阳修等人都不能免俗，更遑论邵伯温呢？

不过，无论如何，苏轼与王安石的会面还是相当温和地结束了。这次会面，是苏轼与王安石阔别十四年后的再见面。此后不到两年，六十六岁的王安石便溘然离世，与世长辞了。

关于对王安石此人的评价，历史上向来是褒贬不一的。比如清朝文人蔡上翔就曾说，自南宋以来"荆公受谤七百有余年"。不过，一个伟大的人，总是伴随着褒奖与诽谤的。从变法结果来看，王安石虽然提升了国家实力，但却损害了老百姓的利益，也给国家埋下了不小的祸患。不过，苏轼本人都不再纠结于过去的恩怨，我们又何妨与这位"拗相公"相逢一笑泯恩仇呢？

　　或许，苏轼与王安石本就是同一类人。他们带着截然相反的浪漫，犹如行者一般，执拗地在人间苦苦追寻一个盛世之梦。然而，浮世尘嚣已半，他们却都未能抵达梦的彼岸。钟鼓的哀悼之声带走了"拗相公"，也带走了一个渴望改变的时代，徒留"东坡先生"仍在这世间不断行走，他希望着、渴望着，有一天伸出双手，便能触碰到那一团盛世浮梦。

第二节　谁令骑马客京华——重返朝堂

念我山中人，久与麋鹿并。
误出挂世网，举动俗所惊。
归田虽未果，已觉去就轻。

（《送吕行甫司门倅河阳》）

与王安石短暂相逢后，苏轼便启程离开了江宁。相比目的地汝州，他更想去常州度过余生。好在，神宗皇帝批准了苏轼的请求，并颁布了诏令，让他以检校尚书水部员外郎并团练副使的身份在常州居住。

谁的人生没有起落，谁的人生就少了精彩。这话放在别人身上或许不太合适，但放在苏轼身上，只能说是再适合不过了。本打算在常州终老的他自认为人生已走到终点，但谁能想到，更大的人生起落这时才刚刚开始。

元丰八年（1085），苏轼被任命为登州太守，这任命来得突然，让人觉得有些不可思议。登州是哪？山东半岛上的一个州，不算出名，但相比于常州，这儿离京城可真是太近了。正所谓近水楼台先得月，现如今长期被贬在外的苏轼也终于迎来了这个机会。

彼时，苏轼刚搬到宜兴的新家，还没住上几天，还未来得及规划自己的晚年生活，朝廷的任命就送到了苏轼手中。接到任命时，苏家老少乐开了花，没人相信这是真的，但苏轼表现得却颇为镇定，就好像已经看淡了官场的潮起潮落、云卷云舒一般。

但实际上，他的内心却并不平静。虽然口中说着"青云飞步不容攀""如蓬蒿藜藿之径"，觉得自己已经过了巅峰之年，但苏轼还是接下了官职，携家带口地奔赴登州。他需要这个机会，需要继续在朝堂上发光发热。

为什么关于苏轼的诏命来得如此突然呢？原来，就在元丰八年的三月五日，年仅三十八岁的神宗皇帝病故，皇位落在了他十岁的儿子赵煦身上，是为宋哲宗。哲宗皇帝年幼，不能亲政，于是，朝局暂时落在了太皇太后高氏手里。高氏与神宗皇帝不同，她是个彻头彻尾的保守派。但她有一点与神宗皇帝非常相似，那就是十分欣赏苏轼的才华。正是朝廷发生这样的变故，才让苏轼有了重新回到政治中心的可能。

高太后掌权之后，头一件事就是把旧党首领司马光请回了朝廷。彼时，司马光已经年近六十，且已经隐退了十五年之久了。重新回到朝廷的司马光被授予了尚书左仆射兼门下侍郎一职，相当于一国的宰相。

而司马光走马上任后也没让高太后失望。他"老将出马，一个顶俩"，刚上台就采取了三个重要的措施。第一，广开言路，让士大夫们根据变法结果而公开发表意见；第二，斥责新党人物，从根本上为旧党的复辟扫清障碍；第三，提拔那些曾经遭遇贬谪的旧党人士，让他们重归朝堂，巩固旧党势力。

得益于高太后的垂青，以及司马光对巩固旧党实力的需求，苏轼这才有了重返朝堂的机会。不过，此时的苏轼并没有想到，这次他重返朝堂，东山再起的速度竟然就像坐了火箭一般，只能用"平步青云"四个字来形容了。

元丰八年，苏轼五十岁。五月份，他被任命为登州知州，属于七品官；到了九月十八日，苏轼就被升任为礼部郎中，成了专门管理皇家礼仪、祭祀、科举等事的六品官；到了十二月十八日，苏轼又被提拔成了皇帝的近臣——起居舍人；元祐元年（1086）三月十四日，苏轼直接免试，成为四品中书舍人；九月十二日，苏轼被任命为翰林学士、知制诰，成了三品大员。为了表示庆祝，小哲宗还专门赐给苏轼官府一套，金腰带一条，金镀银鞍辔马一匹。

如今的苏轼，距离宰相之位仅有一步之遥！而且，从他被封为翰林学士、知制诰来看，这就是高太后为他铺就的宰相之路啊。按照正常剧本发展，当司马光去世后，那下一任宰相就非苏轼莫属了。

苏轼这种升迁速度，不可避免地得罪了旧党里的一些人。人们开始小范围地攻讦苏轼，称他虽然有才，但喜欢戏谑他人，实在不算稳重。何况，前面有王安石"奸相乱国"的例子，皇帝实在不该让苏轼这么快就做了宰相。

瞧，人们为了攻击苏轼，竟然以新党首领王安石来比旧党人士苏轼，实在是可笑非常。

元祐二年（1087）八月，五十二岁的苏轼开始兼任经筵侍读，成了小哲宗的老师。或许，这也是旧党人士的心愿。他们希望在苏轼的影响下，宋哲宗能坚定地站在旧党一方，这样才能让旧党势力长长久久。

可惜，他们算是打错了算盘。苏轼虽然被新党陷害，且抨击过新党人士，但从本质上看，他其实属于中立的一方。所以，他当上帝师之后，也没有给宋哲宗吹过什么"耳旁风"。他只是将自己应该讲述的仁、爱、礼、义，并经、史、子、集尽数交给了哲宗皇帝，至于什么新党旧党，原本就不在苏轼的授课范围之内。

而且，此时重返朝堂的苏轼也早不是曾经那个容易被情绪左右的青年了。在赴任过一连串的地方官员后，苏轼早对朝廷的党派之争嗤之以鼻。此时，就算王安石复活，他也懒得再与这位"拗相公"争辩，至于其余的新党人士，此时他们被贬的被贬，被排挤的被排挤，根本不用他苏轼再踏一脚。

此时此刻，苏轼虽然依然诙谐风趣，但却多了一份宽容和理性。虽然他以令人眼花缭乱的速度飞速升迁，但他仍然不会迷失自己的本心。凡事凡物，只要不触碰苏轼的原则，苏轼就不会与之过多计较。可如果这件事触碰了苏轼的底线，那他就要将刚正不阿、戏谑直言发挥到极致了。当然，面对那些触碰到自己底线的人，只要苏轼想反击，那他就不会懦弱。

很快，苏轼便迎来了这样的事件。

第三节　天下有大勇者——得罪司马光

古之所谓豪杰之士者，必有过人之节。人情有所不能忍者，匹夫见辱，拔剑而起，挺身而斗，此不足为勇也。天下有大勇者，卒然临之而不惊，无故加之而不怒。此其所挟持者甚大，而其志甚远也。（《留侯论》）

这是苏轼撰写的《留侯论》，其间，他对张良的赞美之情溢于言表。其中，"天下有大勇者，卒然临之而不惊，无故加之而不怒"，亦是苏轼处于朝局之中的处事态度。

是的，苏轼虽然跻身于朝局中心，但他却仍未忘记自己的初衷。这些年，他一直与基层人民站在一处。他能感民之感，想民之想，所以才会那样激烈地抨击王安石的新法。这位"拗相公"固有大才，但他身居庙堂之高，手又怎么能触及江湖之远呢？

于是，面对当今时局，苏轼仅仅用了八个字——"校量利害，参用所长"——就概括出了自己的原则。这句话的意思是，臣子们身为君王思想的执行者，他们要做到忠厚但不谄媚，作为百姓的治理者，他们要做到宽容但不放纵。众人都应该在权衡利弊得失之后再行动，面对新法亦应如此。

对于新法，苏轼并没有像旧党设想的那样搞一刀切，而是具体问题具体分析。凡是法令，就必须"校量利害，参用所长"。不能因为它是新党一派制定的，就对其大加攻讦，也不能因为它是旧党制定的，就对它宽容放纵，不加审查。总而言之，就是为人臣者一定要实事求是，这样才算得上是忠君爱国。

不过，苏轼虽然对新法的态度很端正，但他对当初构陷自己的那些新党人士却深恶痛绝。虽然王安石已经去世，但吕惠卿、李定等人还在朝中，当初构陷自己的那些人里，有许多依然活跃在朝堂之上！

面对这些人的阴狠，苏轼早已亲身体会过了。于是，他果断地拿出了态度——一定要把这些人全部赶出朝堂，朝堂的水才能稍作清澈。思及此处，苏轼立刻挥毫写就了一篇《论周穜擅议配享自劾札子二首》。

吕惠卿、李定……之流，……其为奸恶，未易悉数，而王安石实为之首。今其人死亡之外，虽已退处闲散，而其腹心羽翼，布在中外，怀其私恩，冀其复用，为之经营游说者甚众，皆矫情匿迹，有同鬼蜮，其党甚坚，其心甚一……此等皆民之大贼，国之巨蠹。（《论周穜擅议配享自劾札子二首》）

在这篇文章中，苏轼将新党人士比作了国家蠹虫，他们尸位素餐，不顾百姓生死，肆意构陷同僚，上欺君、下瞒民，其罪行实在是罄竹难书。

苏轼这篇文章一出，立刻就获得了旧党人士的大力支持。

原本，苏轼只是为了替自己洗刷冤屈，才旗帜鲜明地反对那些犯过错的新党人士。比如当年酿造"乌台诗案"的李定，苏轼就认为朝廷给他的处罚太轻。于是，他不但拒绝起草判决李定的处置状，还上书朝廷，希望能从重治李定的罪。经过思虑，朝廷决定将李定流放于千里之外的安徽滁州，后来，李定还死在了那里。可以说，苏轼对待这些犯过错的新党人士毫不手软，而这些恰恰也是旧党派人们喜闻乐见的。

不过，这些旧党人士似乎看错了苏轼。

在旧党人士看来，你苏轼如此激烈地要置新党人士于死地，那你一定跟我们是一伙儿的呀。那我们应该齐心合力，把新党扑灭，以免他们死灰复燃啊！

然而面对旧党人士的疯狂煽动，苏轼却完全一副不为所动的样子。甚至在有旧党人士提出搜查新党人士诗集作品中的漏洞，以此为剑攻讦他们时，苏轼还明确地表达了自己的反对意见。

在苏轼看来，如果他也通过文字狱的形式来迫害士大夫，那他就跟这些曾攻讦过自己的小人没有区别了。虽然我苏轼身在旋涡中心，但我不干违背原则和良心的事儿！

面对苏轼的"清醒"，旧党领袖司马光显然非常不满。我好不容易把你从外面拉进京师，你就是这么回报我的？当年王安石是怎么迫害你的，难道你都忘了不成？

而面对司马光的"果决"，苏轼也同样怀抱着不满。你司马光是大文豪、大才子，不仅学识渊博而且德高望重，你是满朝文武的楷模榜样啊。如今，你带着头去迫害自己的同僚，你的良心不会痛吗？

司马光的良心会不会痛，我们不得而知。事实上，他或许根本顾不上考虑苏轼的想法，因为重回朝堂之后，他便跟高太后达成了共识，一定要废除新法，挽救大宋。

在司马光和高太后眼里，宋神宗和王安石的新法肯定是失败的。一个已经失败了的东西，还有什么值得肯定的地方呢？于是，司马光便有计划地开始废除新法法令。终于，即将被废除的法令轮到了"免役法"。

关于这个法令，我们前面说过，苏轼最初是表示认同的。可是，由于一线执行官员敲诈勒索，导致很多农民倾家荡产，所以这个法令也成了让老百姓头痛不已的法令。不过，这只是个别地区的个别现象，对于大部分地区来说，"免役法"的确要比之前的"差役法"更为先进。尤其是对苏轼而言，这几年在基层地方任职的经验告诉他，"免役法"其实是有可取之处的。所以，他决定劝服司马光，让他放弃废除"免役法"。

可是，让苏轼没料到的是，司马光对废除新法的执拗程度丝毫不弱于当年非要执行新法的王安石。苏轼刚提出不要废除"免役法"的建议，司马光就气得面红耳赤，苏轼还没说完话，司马光就粗暴地制止了他。

面对暴怒的司马光，苏轼只是慢悠悠地说道："当年您做谏官的时候，曾与韩魏公（韩琦）当堂争辩。彼时，虽然魏公十分生气，但您仍然坚持把话说完。如今，您站在了魏公的位置上，却不容许我把话说完吗？"

或许是他潜意识里认为苏轼说得有理，或许是朝堂之上，司马光实在不想背上个独断专行的骂名。总之，在苏轼说完这句话后，司马光勉强一笑，对苏轼表达了歉意，并请他将话说完。不过，即便苏轼讲完了话，司马光也就当没听见一样，根本就不接苏轼的话茬。

回到家后，苏轼对司马光固执己见的做法十分生气，他连呼"司马牛"，以此表达司马光倔得像牛一般不知变通。而苏轼这种耿直的脾气，也让司马光逐渐不耐烦起来。

当年苏轼外放做官，他最出名的便是情商高、人缘好。无论是高官贵胄还是街边乞儿，无论是僧侣、道士还是农夫、商人，大家都愿意与苏轼结交，苏轼也都真诚平等地对待众人。可如今，苏轼回朝堂不过一年有余，就成了一个"上与执政不合，下与本局异议"的异类。

或许真正适合苏轼的地方并不是庙堂。庙堂之高，却容不下一只展翅的鹏鸟。而江湖之远，却能容苏轼随心所欲、泰然坦然。终于，苏轼也意识到了这一点。在事情没到更坏的地步之前，退步抽身，亦未尝不是智慧使然。

第八章

再造贬谪的"党人"

第一节 拣尽寒枝不肯栖——再陷党争

漫长的人生转瞬即逝，有人见尘埃，亦有人见星辰。

"门外东风雪洒裾。山头回首望三吴。不应弹铗为无鱼。上党从来天下脊，先生元是古之儒。时平不用鲁连书。"这是苏轼的《浣溪沙·门外东风雪洒裾》，亦是他劝慰友人之作。

在地方做官时，苏轼政绩突出，安然闲适，可一回到朝堂，天真耿直的他立刻就会成为权力斗争下的牺牲品。或许，苏轼本就不该回到那个波云诡谲的庙堂之上。适合他的，一直是风云莫测但却安然闲适的江湖。

重返朝廷之后，他虽然很快跃升为朝廷的三品大员，但由于思想方面的转变，他却跟司马光及旧党人士们爆发了冲突。司马光不久因病去世，但苏轼却与旧党之间的矛盾愈加升级，最终爆发了历史上有名的"洛蜀党争"。

当年，宋哲宗刚刚即位，司马光等人联名推荐了北宋著名的哲学家、思想家程颐来担任小哲宗的老师。恰好，苏轼所担任的经筵侍读亦为哲宗之师，于是，二人便就哲宗的指导方式问题产生了分歧。

程颐这个人是儒生，他克己复礼，张口便是孔孟之道。然而，这种圣人姿态总会让人有难以亲近之感，且他本人的确又带着些"迂夫子"的味道。比如当年程颐为哲宗授课，休息时，哲宗闲来无事，便顺手折下了一根柳枝玩耍。谁知，程颐立刻板起面孔，狠狠教育了哲宗一番！

什么春天万物生长，不可摧折生命，什么身为帝王，不可损害天地和气。总之，程颐三言两语就把十几岁的哲宗惹火了。不过，程颐毕竟贤名在外，又是自己的老师，且折柳之事哲宗的确有不妥之处，所以他并没有发难，而是忍气吞声，直到程颐走了之后，他才狠狠地将柳枝扔到地上。

后来，司马光听说了这件事后十分感慨，他也认为程颐虽然没做错，但说话做事的方式的确会招来皇帝的反感。于是，他便对门客们称，这就是皇帝往往不喜欢儒生的原因。

和死板守旧的程颐相比，天生诙谐乐观的苏轼显然更受哲宗喜欢。而且，我们也得以发现，程颐与苏轼完全就是两个性格的人。程颐认为苏轼不靠谱，苏轼则嘲笑程颐故作姿态，二人之间的矛盾亦逐渐不可调和。

元祐元年的九月一日，司马光溘然离世。这天，恰逢哲宗与众文武百官在南郊祭祖。根据古代的规矩，天子祭祀属于吉礼，期间一切丧礼都要为吉礼"让路"。九月六日，哲宗祭祀先祖的礼仪结束，大臣们这才匆匆赶往司马府吊唁。

当时，负责主持司马光丧事的正是程颐。就在众位大臣满怀悲痛地前来司马府时，程颐却面无表情，大手一挥道："孔子曾说，'子于是日哭，则不歌。'你们今天刚参加了吉礼，现在又来参加丧礼，同一天先笑再哭，于礼不合。"当时就有人反驳程颐，孔子只说了"哭则不歌"，并没有说"歌后不许哭"啊，这是不是太矫枉过正了？

或许是程颐潜意识里也觉得自己做错了，但他仍然梗着脖子，面红耳赤地与众人争辩，就是不许大家在这日吊唁司马光。

这件事其实跟苏轼没什么关系，但他平日就不喜程颐迂腐僵硬的做派，而且当日情况确实十分滑稽。对天性喜诙谐的苏轼来说，这样的场面当然值得一谑！于是，他便站在反驳的人群里，忍笑对众人说道："此乃鏖糟陂里叔孙通所制礼也。"众人听完，也不由得付之一哂，从此，"鏖糟陂里叔孙通"的名号就成了程颐的代名词。

那么，"鏖糟陂里叔孙通"是什么意思呢？其实，"鏖糟陂"就是北宋汴梁城外的一处沼泽地。鏖糟原本的意思是不干净的、脏的。而孙叔通则是西汉初年著名的儒生，当年刘邦称帝，他行伍亭长出身，对皇家礼仪可谓是一窍不通。多亏了孙叔通，以儒家思想为蓝本为汉朝制定了一整套礼仪规章制度，而后世皇家所用礼仪与规章，亦大多传承了这套规章制度。

巧的是，程颐原本就有"北宋孙叔通"的雅号。如今，苏轼以"鏖糟陂里叔孙通"来笑骂程颐，无非是讽刺程颐是孙叔通的冒牌货而已。

当然，苏轼此举虽然赢得了反驳程颐之人的哂笑附和，但却极大地得罪程颐并其门下弟子。从此苏门与程门彻底成了势不两立的两党，正如当年的新党与旧党一般。

从表面看，这件事无非是口角之争，是苏轼和程颐两个人性格不合所致。但在朝局中，这两个地位举足轻重的人物的一言一行都将被无限放大。刻板如王安石、程颐，戏谑如苏轼，放在江湖上，他们都不过是性格各异的普通人。但放在朝廷里，这些人的性格即会引发党派之分，并且为后来的政坛埋下无穷祸患。

程颐受了侮辱，他本人尚且罢了，那些以他为尊的弟子们怎么能忍？即便后来，苏轼见程颐生气后也自嘲为"鏖糟陂里陶靖节（陶渊明）"，称自己是冒牌的陶渊明，但程颐与程门弟子本就不是诙谐之人,他们将苏轼的戏言当做开战的信号,开始疯狂攻击起苏轼来。

当时,苏轼对哲宗有一个基本的态度,那就是"今朝廷欲师仁祖(仁宗)之忠厚,而患百官有司不举其职,或至于媮;欲法神考(神宗)之励精,而恐监司守令不识其意,流入于刻。"那就是说,哲宗皇帝啊,你不用像仁宗皇帝那样过于仁慈宽容,也不用像神宗皇帝那般过于励精图治,只需要将两位皇帝的品性折中一下,做到宽严并济就可以啦。

这话本没有错,但错就错在苏轼曾经嘲讽了"麋糟陂里叔孙通"。于是,程门弟子开始疯狂挑这句话的毛病,将其解读为苏轼恶意诽谤宋仁宗与宋神宗,简直是大逆不道。当然,这的确又是"欲加之罪,何患无辞"了。苏轼还没表态,高太后就直接下旨称苏轼免罪。

原本,这件事到这里就可以结束了,但苏轼根本不愿意吃这个哑巴亏。你程颐沽名钓誉,阻止大臣们吊唁司马光,我不过嘲讽一句,你的弟子们就给我泼脏水,这我能忍?

于是,苏轼立马给自己的话进行了剖白,并请求治诬告自己的朱光庭诽谤之罪。朱光庭不肯善罢甘休,继续上表给苏轼泼脏水,妄图像当年王安石党人给苏轼泼脏水那样,将苏轼赶出朝廷。可他显然想错了,如今的苏轼已经不是当年那个二十多岁的毛头小子了,此时的他看尽了半生浮华,又怎会因为一盆脏水就离开朝廷呢?而且,此时的苏轼已经有了众多支持者,若真要扳倒本就不受皇帝喜爱的程颐,想必于苏轼而言也不是什么不可能的事。

果然,殿中侍御史吕陶在朱光庭再次上表弹劾苏轼之后,也上表弹劾了朱光庭。

"议者皆谓轼尝戏薄程颐,光庭乃其门人,故为报怨。夫欲加轼罪,何所不可,必指其策问以为讥谤,恐朋党之渐,自此起矣。"

这份表直截了当地指出，朱光庭弹劾苏轼，无非是为了给程颐"报仇解恨"而已。

然而，随着越来越多的人帮苏轼说话，苏轼反而生出一丝危机感。当今皇帝固然聪明，但党争这件事何其可怕。如果因为自己而危害到朝廷的团结，那自己便是有负皇恩，百死莫赎了。思及此处，苏轼给摄政的高太后上了一份《乞郡札子》表明心迹，并且再三请求离开朝廷，回归地方，为天下苍生广布皇室恩德，以此报效皇恩。

在苏轼的再三请求下，宋哲宗元祐四年（1089）三月十六日，朝廷终于批准，并让苏轼以龙图阁学士的身份，出任浙西路兵马钤辖兼杭州知州。时隔多年，苏轼再次回到了那个曾令他魂牵梦萦的杭州。而杭州，也再次迎来了她的东坡先生。

第二节　人生如逆旅——重归杭州

一别都门三改火，天涯踏尽红尘。依然一笑作春温。无波真古井，有节是秋筠。惆怅孤帆连夜发，送行淡月微云。尊前不用翠眉颦。人生如逆旅，我亦是行人。（《临江仙·送钱穆父》）

十八年前，苏轼因为受到新政党人的排挤，不得已请求外放到地方做官。当时，他的第一站就是如诗如画的杭州，并在此地与杭州百姓共同做了些大事。十八年后，苏轼又受到了程门一党的排挤，不得已再次请求外放，而朝廷又一次让他回到了杭州。并且，他在杭州待了二十二个月之久。

再一次回到杭州，苏轼好好地打量了西湖，并且下笔着写了一篇四千字的《杭州乞度牒开西湖状》。在这篇奏章中，苏轼将西湖对杭州的重要作用归纳成了五条。

第一条，从文学角度看，西湖是杭州最引人入胜的美景，吸引了无数才俊士子前来吟咏，这也为杭州的发展作出了贡献；

第二条，从生活角度看，西湖水量丰沛，能供给杭州城内的灌溉，也是居民饮水的主要来源；

第三条，从朝廷角度看，西湖是百姓放生祈福的重要场所，能为朝廷、为皇帝积累福报；

第四条，从经济角度看，西湖水可酿酒，是重要的税收来源之一；

第五条，从水利角度看，西湖能保证运河畅通。

可是，如今的西湖水草淤泥遮蔽，严重妨碍了如上五条利益。于国于民，于情于理，苏轼都希望能够治理西湖。

可惜，这篇《杭州乞度牒开西湖状》递上去后并没有激起多大的水花。因为朝廷是全国中央，它要处理的事情太多。即便这篇奏章是苏轼呈送的，治理西湖也很难获得朝廷的全力支持。不过，只要朝廷稍微表个态，苏轼就立刻着手筹措人力与经费了。

苏轼粗粗计算了一下，疏通西湖淤泥、铲除湖面水草大概需要二十余万两。他通过筹款大概解决了一半，朝廷来负责解决剩余的一半。不过，在疏浚西湖的过程中，苏轼又遇到了另一个难题。西湖里的淤泥是清理干净了，但这些淤泥应该堆放到何处呢？西湖那么大，这些淤泥恐怕要堆积如山了。如果不能妥善处理淤泥，疏浚西湖淤泥也就没有意义了。

经过一番深思熟虑，苏轼决定将淤泥与水草整合起来，在西湖西侧修筑一条长八百八十丈、宽五丈的长堤。并且，长堤上还修建了六座桥与九座亭阁。这样一来，人们从西湖北岸到西湖南岸，也就不必再费劲绕湖三十里了。

同时，苏轼还做出一个非常聪明的决定。为了不让西湖水再滋生水草，他号召民户租用西湖种植菱角。如此一来，水草能获得治理，官府能获得收入，民户能解决生计，实在是一举三得。但是，西湖实在是太大了，万一民户在水中随便种植菱角，反而危害了水源怎么办呢？苏轼又想出了一个好主意，他专门在西湖的中心位置建造了三座小石塔。石塔之间形成一个小水域，苏轼发布条令，在这个

165

小水域内严禁种植一切东西。而这三个小石塔，则成了"三潭印月"的美景，千余年来一直吸引着文人墨客前来驻足。

经过长期努力，西湖的整治改造工程终于结束了。为此劳心劳力的苏轼也不无得意地作了一首诗来表达自己的愉快心情："我凿西湖还旧观，一眼已尽西南碧。又将回夺浮山险，千艘夜下无南北。"如今，苏轼所修筑的"苏堤"仍然存在，它亦以"苏堤春晓"之美，与"三潭印月"并称为西湖引人入胜的"十大美景"之一。

除了疏浚整改西湖外，苏轼还将杭州的公务处理得井井有条。比如，宋朝文人周煇曾作《清波别志》，里面记载了苏轼曾经审理过的一件欺诈案。这个案子的真实性我们且不考证，现在只来说说这个案子的审理过程，并从中一窥苏轼的爱民之心。

当年，差役们押来了一位年近六旬的老人，他须发花白，衣着寒酸，身上却背着两个巨大的口袋。而且，口袋上面赫然写着"翰林学士知制诰苏某封寄京师苏侍郎收"。这句话是什么意思呢？就是说这个包裹是翰林学士知制诰苏轼封寄给京城门下侍郎苏辙的，而里面装的都是上好的麻纱。原来，这个老人想将麻纱带到京师，却不愿意给朝廷交税，于是沿途盗用了苏轼的名号，把贩卖麻纱的税给规避掉。

苏轼经常被人构陷，被人泼脏水，所以平生最厌恶的就是他人盗用自己名号做坏事。于是，他狠狠一拍惊堂木，让这老人把事情一五一十都说出来。这时，差役告诉老人，堂上的正是苏轼，老人吓得体如筛糠，忙把事情全都交代了。

原来，这老人名叫吴味道，乃是南剑州的乡贡举人。此次进京，他并非专程贩卖麻纱，而是打算进京赶考的。而这些麻纱，都是亲朋好友凑了让他沿途卖掉以作盘缠的。根据宋朝律法，携带麻纱穿过州县时，各州各县都是有权抽税的。吴味道一算，这些麻纱即便带到京城，所赚的银钱也都被沿途抽税抽完了，倒不如冒充了苏轼的名头，以给弟弟苏辙送麻纱为由逃脱此税。可惜，吴味道的消息不够灵通，他根本不知道苏轼已经被派到杭州做官了，这才被差役们抓了个正着。

面对这个可怜巴巴又有些小聪明的老人，苏轼真是感到又好气又好笑。他当即拿笔，在老人包裹上写了"龙图阁学士、钤辖浙西路兵马知杭州府苏某封寄京师竹竿巷苏学士"的字样，并给弟弟苏辙写了一封短信，然后对老人说道："老丈，这回你拿的可真是苏轼带给苏辙的包裹了，即便带到皇帝面前，也没人敢说你这是假的了。你只管去京城应试吧，有什么需要，只管去竹竿巷找我弟弟就行了。"吴味道不仅被无罪释放，反而还得了苏轼的手信，他简直感激涕零，千恩万谢地离开了杭州。

有趣的是，这位吴味道在第二年高中皇榜，并特意给苏轼写了一封感谢信。苏轼得知此事自然也十分欢喜。后来，吴味道与苏轼再次相遇，苏轼还请吴味道在家中小住了几日，二人饮酒作诗，成了一段佳话。

很快，苏轼在杭州的两年任期已满。根据高太后的恩旨，苏轼被派去颍州担任知州。苏轼虽然不舍杭州军民，但朝廷任命难违。于是，他接到旨意后立刻走马赴任，赶奔颍州而去。

第三节 天涯踏尽红尘——二年游历三州

　　从杭州离开，苏轼两年辗转了颍州（任期七个月）、扬州（任期六个月）和定州（任期七个月）这三个州。虽然苏轼处在频繁的调动中，但他仍愿意想方设法地为百姓做些事情。

　　元祐六年（1091）八月二十五日，时年已五十六岁的苏轼抵达颍州任上。颍州在今安徽阜阳一带，苏轼赴任之时，恰好是微风送爽的金秋时节。颍州地处平原，风景秀丽，物产丰富，苏轼刚到颍州便爱上了这里。

　　有趣的是，在颍州地区也有一处西湖，而且有宋一朝，颍州西湖的名气并不比杭州西湖弱多少。更加有缘的是，苏轼的恩师欧阳修曾在颍州担任过知州。告老还乡时，他又一次来到颍州，将这里作为自己的定居之所。曾经，苏轼与弟弟苏辙一同来颍州探望过恩师，并一同泛舟游于城西的颍州西湖之上。此次来颍州赴任，苏轼心里对高太后自然是说不尽的感激。

　　与杭州相比，颍州不过是个小小州郡，这里物产富饶，百姓亦相对富足，平时几乎没什么政务。就像颍州的僚属曾对苏轼言明的那般，"内翰只管悠游湖中，便可以了郡事。"

　　更让苏轼欣慰的是，颍州有不少僚属是自己的好友，他的副手，时任颖州通判的赵德麟更是"苏门六君子"之一。而且，自己的恩公欧阳修有两个儿子，此时，他们也同在颖州，且与苏轼相处得非常投契。

在颖州担任知州的日子，可以说是苏轼最为快乐的日子。他与友人们经常聚在一起泛舟、吟诗、抚琴、谈笑。在《泛颖》一诗中，苏轼亦颇为快活地写道：

> 我性喜临水，得颖意甚奇。
> 到官十日来，九日河之湄。
> 吏民笑相语，使君老而痴。
> 使君实不痴，流水有令姿。
> 绕郡十余里，不驶亦不迟。
> 上流直而清，下流曲而漪。
> 画船俯明镜，笑问汝为谁。
> 忽然生鳞甲，乱我须与眉。
> 散为百东坡，顷刻复在兹。
> 此岂水薄相，与我相娱嬉。

（《泛颖》）

不过，初到颖州的生活虽然闲适，但苏轼毕竟是来做官的。纵然颖州风景如画，又有众多友人相伴，但他亦不会忘记本职工作。否则，他又该如何报答哲宗皇帝与高太后之恩呢？很快，苏轼就迎来了他在颖州的考验。

深秋时节，颖州开始降雪。

最初，颖州人民都对鹅毛般大雪不甚在意。正所谓"瑞雪兆丰年"，下几场雪又算得上什么大事呢？可是，很快，人们开始意识到事情不对。颍州城内先是出现了不少因雪灾前来避难的灾民，随后，颍州城也遭遇了严重雪灾。

作为颍州知州，苏轼再没有了游山玩水的悠闲时光。此时，他整日满面愁容地思索，要如何帮助颍州人民脱困。受灾之初，苏轼从官仓中取出数千石粮食，又从酒务局中拿出数千秤的柴以备不虞。后来，果然饥民贫民大量出现，苏轼立刻将物资发放给了大家。同时，他还下令安抚众人，号召大家节衣缩食，共渡难关。在苏轼、赵德麟等人的努力下，颍州百姓终于平安度过冬天，迎来了春暖花开之时。

可是，就在苏轼本想再为颍州人民做些事情的时候，朝廷的旨意又下来了，这回是让苏轼"以龙图阁学士充淮南东路兵马钤辖知扬州军州事"。没办法，元祐七年（1092）二月底，苏轼携家带口起身离开颍州，赶往扬州赴任。

三月，苏轼等人正在前往扬州的路上。突然，他看见了一个熟悉的身影。赶着上前一瞧，苏轼才发现此人竟是"苏门四学士"之一的晁补之。原来，晁补之也受到了朝廷任命，此刻正要前往扬州担任通判一职。

苏轼想到能与自己的得意门生同在扬州，上下一心为扬州百姓做些事情，不由得又开心起来。苏轼等人抵达扬州之际，恰逢"烟花三月"。此处风景与杭州、颍州又是不同。除却同样的风景秀丽外，扬州更添了一丝商贾繁华。

来到扬州，苏轼越来越觉得远离朝堂是自己做过最正确的选择。

> 我不如陶生，世事缠绵之。
> 云何得一适，亦有如生时。

寸田无荆棘，佳处正在兹。

纵心与事往，所遇无复疑。

偶得酒中趣，空杯亦常持。

（《和陶饮酒二十首·其一》）

在苏轼看来，这样悠闲从容，又能为一方百姓造福的生活有什么不好？相比陶渊明，虽然自己失去了隐士的自由，但却让一方百姓获得了实实在在的福利，也从而实现了自己一生的抱负，人生如此，夫复何求？

然而，命运似乎偏要同东坡先生作对。就在苏轼向往隐居生活时，远在千里的朝廷却又一次变了天。原来，元祐七年，临朝听政的高太后身染重病，已到了弥留之际。此时，哲宗皇帝年满十八，正摩拳擦掌地准备亲政事宜。

高太后在世时偏向旧党，恰逢哲宗皇帝年幼，高太后便以摄政的名义对旧党人士广施恩德。或许是对大权旁落不满，宋哲宗早早便显露出渴望启用新人的欲望。高太后临终前，曾对大臣们如是说道："我死后，你们最好及早求退，好让皇帝能任用新人。"这一番话让旧党人士不由得人人自危起来。

元祐八年（1093）九月三日，高太后撒手人寰，宋哲宗正式亲政。拿到皇权的第一时间，宋哲宗就下令恢复了新党重要人士的职务。其实，早在高太后在世时，哲宗便跟身边的近臣言明，深恨"朕只见臀背"的情况。如今"臀背"已不见，他又怎愿多忍耐些时日呢？

再观苏轼，他与那些仍对哲宗抱有希望的臣子不同。高太后刚病危时，苏轼便给朝廷上表，称自己"乞知越州"。越州在当时属于重难边郡，苏轼此举，无非也是为了安抚皇帝之心。不过，当时哲宗皇帝并没有允准苏轼的请求。可就在苏轼觉得自己"逃过一劫"时，哲宗的一道圣旨便将苏轼从扬州打发了出去，让他"以端明殿学士兼翰林侍读学士、礼部尚书充河北西路安抚使兼马步军都总管，知定州军州事"。定州就是今天河北石家庄一带，在北宋，定州是当之无愧的边境了。

按理说，朝廷的重要大臣要去边境上任了，而且恰逢皇帝亲政，苏轼于情于理都要亲自赴京师向皇帝表达庆祝，并向皇帝辞行。可是，宋哲宗根本没给苏轼这个机会，他直接以"本任官阙，迎接人众"为理由拒绝见苏轼。这句话的意思是，我如今当上皇帝了，亲政了，要见的人太多了，我根本没这闲工夫见你苏轼。就这样，苏轼连皇帝的面都没见到，直接就去边境赴任了。

如果说这件事尚不足以让苏轼感到难过，那么，宋哲宗亲自选拔的大臣们之所作所为一定会让苏轼痛彻心扉。这批新党大臣已经不像王安石等人，虽说也攻讦旧党人士，但其目的还是为了朝廷能富强。而这批新党大臣无甚才干，他们只会曲意逢迎宋哲宗，靠打击旧党人士来获取升迁罢了。

终于，这场诡谲的旋风还是吹到了定州。而苏轼也如同江湖之上的一叶小舟，被这股庙堂之风以摧枯拉朽之势狠狠地摧残。年近六十的苏轼，能否继续承受住这命运的飓风呢？让我们继续往下看。

第九章

一蓑烟雨任平生

第一节　身如不系之舟——贬无可贬去儋州

　　"东坡公元祐时既登禁林，以高才狎侮诸公卿，率有标目殆也，独于司马温公不敢有所重轻。"这是宋人蔡绦在《铁围山丛谈》卷三中对苏轼的评价，这句话中的"东坡公元祐时既登禁林，以高才狎侮诸公卿"是什么意思呢？就是说苏轼在翰林院的时候，很喜欢给公卿大臣们取外号，以此戏弄他们。而这一点，也成为被宋哲宗提拔起来的新党人们攻讦苏轼的一大理由。

　　彼时，宋哲宗虽然不喜苏轼为旧党人士，也因为高太后的原因对苏轼十分冷淡，但将苏轼打发到定州，于哲宗而言已经算给苏轼惩罚了。可是，即便这样，他也耐不住自己的心腹们成天吹耳旁风。

太行西来万马屯，势与岱岳争雄尊。

飞狐上党天下脊，半掩落日先黄昏。

削成山东二百郡，气压代北三家村。

千峰右卷蠹牙帐，崩崖凿断开土门。

竭来城下作飞石，一炮惊落天骄魂。

承平百年烽燧冷，此物僵卧枯榆根。

画师争摹雪浪势，天工不见雷斧痕。

离堆四面绕江水，坐无蜀士谁与论。

老翁儿戏作飞雨，把酒坐看珠跳盆。

此身自幻孰非梦，故园山水聊心存。

（《雪浪石》）

这首《雪浪石》是苏轼在定州所作之诗。曾几何时，苏轼以为自己会在定州终老。可事实上，命运对他的苛待还远未开始。

终于，绍圣元年（1094）闰四月三日，一道诏命发到了苏轼手里——朝廷取消了苏轼端明殿学士、翰林侍读学士称号，同时撤销了他定州知州的职务，降职左朝奉郎，并以此身份任英州知州。

英州远在今广州英德市一带，且不说苏轼遭贬，就说他年近花甲却要从北方边境奔波至南方英州，这些新党人士之心狠由此已可见一斑了。

然而，就像我们前面说的，这仅仅是苏轼悲惨命运的开端。没过多久，御史虞策就再次给宋哲宗吹耳边风，说哎呀皇帝，您太心慈手软了，苏轼罪行罄竹难书，您光给他区区降了一点点职，他肯定不会好好反省的啊！宋哲宗一听，嗯，也对。于是，第二道诏命又发到了苏轼手里——再次降苏轼官级，以左承议郎的身份担任英州知州。

可是，就在苏轼欲哭无泪之际，御史刘拯又开始"拱火儿"，对宋哲宗道："轼于先帝，不臣甚矣。"意思是苏轼这个人，当年对神宗皇帝太不恭敬了，如今您可不能便宜了他！宋哲宗一听，嗯，也对。于是，第三道诏命又给苏轼发过去了——诏苏轼合叙复日不得与叙，仍任英州知州。这道圣旨是啥意思呢？原来，北宋有个规定，官员如果没有重大过失，那么每隔一定的时间，就可以升一升官职。

而这道圣旨就是告诉苏轼，不管你在英州干得多好，也没有升职的机会了。

当然这还不算结束，就在苏轼车马劳顿，刚到安徽当涂县时，宋哲宗第四道圣旨又来了——撤销苏轼左承议郎的身份，由英州知州降为宁远军节度副使，惠州安置，不得签书公事。这道圣旨就是说，你苏轼也不必去英州当知州了，你就去惠州当个节度副使得了。

在北宋，节度副使属于虚职，没有任何意义。而且，哲宗还明确告诉苏轼，不许他签书公事，这等于断了苏轼的仕途。到了惠州，苏轼也就跟平头百姓没啥区别了。人生在世，真如浮云梦一场！辗转大半生，苏轼竟然回到了起点，成了一个没有任何权力的平头百姓。

> 香山居士留遗迹，天竺禅师有故家。
> 空咏连珠吟叠璧，已亡飞鸟失惊蛇。
> 林深野桂寒无子，雨浥山姜病有花。
> 四十七年真一梦，天涯流落泪横斜。

（《天竺寺》）

这是苏轼所作的《天竺寺》一诗，而其中的"四十七年真一梦，天涯流落泪横斜"亦可谓是苏轼此时此刻的内心写照了。一贬再贬的现实，不由得让苏轼更加心灰意冷。他立刻将家人送到阳羡（苏迈居所），自己只带了侍妾朝云和第三子苏过前往惠州。

"七千里外二毛人，十八滩头一叶身。山忆喜欢劳远梦，地名惶恐泣孤臣。"苏轼花甲之年，长途跋涉，终于，在绍圣元年十月二日，苏轼来到了惠州地界，也暂时结束了长达半年之久的长途奔波。

在惠州,苏轼居住了三年左右。在惠州时,苏轼没有任何权力,只能将满腹愁思寄托于诗情与美食之上。可是好景不长,绍圣四年(1097)闰二月,朝廷又给苏轼下了一道诏命,"责授琼州别驾,昌化军安置,不得签书公事。"这道诏命,直接将苏轼贬为了别驾,并将他驱逐到了儋州(今海南)。

在北宋时期,儋州是天涯海角般的存在。当时,除了那些罪无可恕的恶犯们,儋州几乎是无人前往的地方。可是,苏轼来到如此蛮荒之地,却并没有发出什么怨言。在苏轼看来,儋州与颍州、杭州甚至汴梁没什么区别,不过是一处栖身之所罢了。而且,蛮荒之地的儋州未必比此时的朝局更混乱,说不定,这里还要比朝堂明澈许多哩。君主多疑,小人多谗,而自己又多直言。"直言便触天子嗔,万里远谪南海滨。"这可不都是时也、运也、命也吗?

此时,苏轼已经是位六十二岁的老人,此时的他"生还无期,死有余责""垂老投荒,无复生还之望"。于是,他只留下了苏过在身边,为自己收尸。同时,他还给长子苏迈立下了遗嘱,称"首当作棺,次便作墓",以后死了,便就地埋在海南岛算了。

事实上,这并不是苏轼在危言耸听。要知道,当时儋州不仅民风剽悍,而且此地"海氛瘴雾,吞吐吸呼。蝮蛇魑魅,出怒入娱"。年轻力壮的小伙子来儋州,尚且要被瘴气毒雾、毒虫蝮蛇劝退,何况此时的苏轼已经是六十多岁的虚弱老者了呢?

在《与子由弟书》中,苏轼曾对弟弟苏辙写了自己吃羊脊骨的趣事。"意甚喜之,如食蟹螯。率数日辄一食,甚觉有补……"当时,苏轼无钱买羊肉,只能请屠夫将没人要的羊脊骨卖给自己,他先把羊脊骨煮熟,然后放些薄盐,再烤到微焦,然后从羊骨头缝里剔一些零星羊肉来吃。

可是，苏轼并不觉得这样的生活很惨，相反，他觉得自己是在吃蟹肉，因为蟹肉也需要费劲剥壳取肉，这也不失为一种乐趣。只是自己把肉吃得太干净，导致路边等着吃肉的野狗们都很不高兴。

不过，食物可以凑合，药品却是短缺。苏轼写给朋友程天侔的信中，称儋州是"食无肉，病无药，居无室，出无友，冬无炭，夏无寒泉"。而且，更让苏轼不适应的是这里很少有纸笔卖，因为当地人有自己的语言，有自己的风俗习惯，苏轼的中原风气到了这里根本就不适用！不过，对于天性乐观的苏轼来说，即便这里万般不便，但仍然可以"困厄之中，何所不有？置之不足道也，聊为一笑而已"。

或许，正是这样乐观的天性，才让苏轼在儋州扎下根来。而儋州也因为这位大才子的到来，而发生了翻天覆地的变化。

第二节　问我平生功业——造福岭南

"从我来海南，幽绝无四邻。耿耿如缺月，独与长庚辰。"苏轼被贬谪后的生活虽然艰难困苦，但他身上仍然保留着北宋时期知识分子普遍存在的责任意识与忧患意识。

苏轼向来不只是一个"若在其位，便谋其政"的人，而是一个"不在其位，也谋其政"的人。他虽遭贬谪，但在远离皇帝的同时，他也更加接近百姓。在惠州时，苏轼就已经没有为国为民尽职尽责的义务了，可是，他并没有忘了自己的社会责任。他虽然被明令禁止签书公事，但他仍然积极了解民生民情，并愿意为大家解决问题。

比如，东坡先生在惠州街头发觉米价因为丰收大跌，紧接着，他又发现惠州官府收税只收银钱，不收粮食。于是，他便向时任广东提刑的表兄程正辅提出，让百姓自己决定交钱还是交粮食的建议。虽然苏轼的面子在宋哲宗处不值几两银子，但在众官员和地方百姓眼中，那几乎是不可拒绝的存在。接到苏轼的建议后，程正辅立刻下令，以"有违圣上仁恕之意"为由，禁止了官府只收银钱不收粮食的规定，惠州这才免了一场军民冲突。

不只如此，苏轼还为惠州百姓解决了困扰他们久已的交通问题。就在绍圣二年（1095）的五月，苏轼应惠州知州詹范的请求，一连给程正辅写了好几封信。随信一同寄去的，还有当年皇帝御赐给自己的犀带。苏轼请程正辅相助拨款为惠州百姓修桥，同时，他动员了弟弟苏辙的妻子史氏，拿出点钱财为惠州修筑了两座桥。

在惠州期间，苏轼还为当地的农民普及了一种很先进的插秧工具，即"秧马"。秧马是他早年被贬到黄州时，见黄州农民所用的工具。如今来到惠州，他便将秧马的样子和使用方法介绍给当地人，以此减轻老百姓劳作的强度。

惠州、儋州等岭南之地因为气候湿热，又多有毒虫、毒蛇等物，所以疫病经常肆虐。苏轼在完善交通之后，还给朋友们写信求药，施舍给当地的百姓。在写给时任广州知州的好友王敏仲的信中，苏轼称"治瘴止用姜、葱、豉三物，浓煮呷，无不效者。而土人不作豉；又此州无黑豆，闻五羊颇有，乞为致三石，得作豉散饮疾者。"其意思是，治疗这个地方的瘴疠之病需要用到葱、姜和豆豉，但本地没有做豆豉的黑豆，希望他能从广州寄来三石黑豆，以做豆豉。当时，苏轼制了很多药和酒，每当人们需要，他便慷慨相赠。

后来，苏轼发现沿海地区的人们饮水困难，有钱有势的人家并官员可以引用牛王山的山泉水，而普通老百姓只能引用海水。我们知道，海水苦咸，是不能直接饮用的。

经过一番调查，苏轼发现城外十余里的蒲涧山滴水岩有一处泉水，可以引入城中。于是，他便给王敏仲写信，提到了这项水利工程的具体实施方案。王敏仲十分重视，立刻筹措经费，派人按照苏轼提供的方案实施了。

民夫们在滴水岩下方凿了一个巨大的石槽，随后将大竹管麻缠漆涂，将石槽里的水引入各个地方的小石槽。随后，人们只需定期抽换竹管即可。而且，苏轼还发明了一种检查竹管有无堵塞的方法。

那就是在每根竹管上钻一个绿豆大小的孔，上面插入一根竹针。检查的时候，人们不需要抽掉竹管，只需要抽掉上面的竹针即可。

在宋哲宗一朝，苏轼的遭遇可谓是绝无仅有。他作的贡献很多，但受的处罚很重，被贬谪的地方也非常偏远，对苏轼的接连贬黜也算得上是宋哲宗做的奇葩事情了。不过，儋州的百姓也得益于此，迎来了东坡先生带他们走出蛮荒。

当时，儋州的农业非常落后，儋州人民不擅长耕作，当地稻米非常短缺。为了生存，儋州人民只能吃些薯芋杂粮充饥。当时，儋州人用沉水香等奇珍异宝，同内陆的人换耕牛。可是，他们并不用耕牛耕田，而是用耕牛献祭。

原来，当地百姓不懂农学，亦不懂医学和科学，他们将生老病死都归到巫傩一方。生病时，人们会宰杀耕牛献祭，有些富贵人家一次性要杀十几头耕牛，以此请求巫傩保佑自己病灾消除。苏轼到了儋州，第一件事就是请当地僧人广为宣传，号召老百姓善待耕牛。同时，他亲自带人开垦荒田，发展农耕。

在发展农耕的同时，苏轼还建了个学堂，只要有愿意读书识字的学生，他便倾囊相授，以此逐渐改善儋州的民风。当年，姜唐佐曾与苏轼有过半年的师徒之缘。临别时，姜唐佐请苏轼为自己在扇子上题写一首诗。天性诙谐风趣的苏轼总是喜欢与众不同。他只在扇子上题写了半首"沧海何尝断地脉，珠崖从此破天荒"，然后笑意盈盈地对姜唐佐说："剩下半首，等你考中进士了我再为你题写吧。"后来，姜唐佐果然考中了进士。可惜，姜唐佐考中之时，东坡先生已经去世。而剩下的半首诗则由苏轼的弟弟苏辙完成："锦衣不日人争看，始信东坡眼力长。"

当时，岭南之地如姜唐佐一般的学子还有很多很多，他们都受苏轼启蒙点拨之恩，而此地民风也正如《琼台记事录》所记载的一般，"宋苏文忠公之谪儋耳，讲学明道，教化日兴。琼州人文之盛，实自公启之。"

世间万事，理应顺其自然。宋哲宗亲政不到半年的时间里，苏轼就因为朝中同僚的构陷而被迫垂老投荒。然而，在这三年流放生涯中，苏轼不仅为国为民作出了卓越贡献，而且潜心写作，为后世留下了许多脍炙人口的绝妙诗词。

然而，就在苏轼打定主意要在儋州孤老一生时，千里之外的朝廷又一次发生了震惊朝野的巨变。此时，垂垂老矣的东坡先生之命运，又一次被诡谲的大手搅动，他本人也将随朝局的变化，再一次开启一场奔波劳顿的旅途。

第三节　江海寄余生——苏东坡的人生终点

参横斗转欲三更，苦雨终风也解晴。

云散月明谁点缀？天容海色本澄清。

空余鲁叟乘桴意，粗识轩辕奏乐声。

九死南荒吾不恨，兹游奇绝冠平生。

（《六月二十日夜渡海》）

这是元符三年（1100）苏轼在船上所写之诗。一句"九死南荒吾不恨，兹游奇绝冠平生"，道尽了内心多少辛酸。

那么，苏轼是如何从儋州乘船远去的呢？这件事还要从宋哲宗说起。

元符三年正月初九，将苏轼一路贬到天涯海角的宋哲宗骤然离世。离世时，哲宗同样没有留下子嗣。于是，皇位阴差阳错之间，便落到了端王赵佶手中。而苏轼的命运，也迎来了又一次改变。

端王赵佶是宋神宗的第十一个皇子，是宋哲宗的胞弟。当时，有人称"端王轻佻，不可以君天下"，可是，人们已经没有更好的人选。于是，端王赵佶还是顺利登上了皇帝宝座，是为宋徽宗。

提到宋徽宗，人们第一印象往往是被俘北国的亡国之君。可事

184

实上，他刚登上皇位时还是颇有明君贤主之气质的。登基后，宋徽宗启用新法，但同时任用旧党人物韩忠彦、新党人物曾布为宰相，一时间，朝廷竟然呈现出了清朗之感。

元符三年二月，朝廷大赦天下，苏轼也接到了自己的新安排——苏轼以琼州别驾，在廉州安置，不得签书公事。

当时，苏轼于六月二十日离开儋州，儋州百姓同样依依相送，满怀不舍，一派"知君不再见，欲去且少留"的景象。可是，虽然苏轼同样不舍离开儋州，但能在暮年回归中原，他心里还是非常兴奋快活的。

苏轼收到内迁的诏令后所作的《儋耳》诗，相信最能代表他当时的心情。

霹雳收威暮雨开，独凭栏槛倚崔嵬。垂天雌霓云端下，快意雄风海上来。

野老已歌丰岁语，除书欲放逐臣回。残年饱饭东坡老，一壑能专万事灰。（《儋耳》）

是啊，虽然苏轼本人乐观豁达，在岭南之地仍可泰然自处，但此番能与家人团聚，能让一把枯骨归于中原，于东坡先生而言可谓是生平一大乐事了。

很快，舟船将苏轼带到了徐闻县，这里有位才子，曾写下了"纤云弄巧，飞星传恨，银汉迢迢暗度。金风玉露一相逢，便胜却人间无数。柔情似水，佳期如梦，忍顾鹊桥归路。两情若是久长时，又岂在朝朝暮暮"之千古佳篇。此人是谁呢？他便是"苏门四学士"之一的秦观。

当时，苏轼与秦观都受到贬谪，此番蒙大赦，二人便约在了徐闻县一见。见到苏轼，秦观激动得不能自已。二人临别之际，秦观还将自己提前写好的挽联给苏轼一观。秦观的挽联言辞恳切，令人读之伤悲。苏轼读完，反过来倒是安慰了秦观一番。

或许是有所感应，或许是天机凑巧，二人这一别就成了永别——七月，苏轼抵达目的地廉州，而八月，秦观就在滕州与世长辞了。

在廉州尚未安定，宋徽宗又给苏轼下了一道诏书——改舒州团练副使，徙永州。永州在今湖南省，对苏轼而言，亦是不错的去处。可是，苏轼还未到永州，宋徽宗的旨意又一次传来——复苏轼为朝奉郎，提举成都府玉局观，外军州任便居住。接连数道恩旨，势必让苏轼感激涕零。可是，此时的苏轼垂垂老矣，虽尚能饭，但终究还是敌不过旅途劳顿。

建中靖国元年（1101）正月，苏轼抵达了大庾岭，并在大庾岭一处村落休息。休息时，一位老翁见苏轼是官员，便出言询问名字。苏轼将名字告诉老翁后，老翁立刻恭敬地给苏轼行礼，并对苏轼说道："我听说朝廷中有人百般迫害您，如今您能重新北归，实在是老天保佑您啊。"苏轼听完十分感激，便写下一首《赠岭上老人》题于壁上。

鹤骨霜髯心已灰，青松合抱手亲栽。
问翁大庾岭头住，曾见南迁几个回？

（《赠岭上老人》）

原来，这大庾岭因为地理位置特殊，一直被北宋官员们看作有特殊意义的地方。如果官员被贬谪到大庾岭以南，那基本就是仕途无望，无法北归了。像苏轼这样一路被贬谪到儋州，竟然还能北归的，即便是见多识广的鹤发老翁也没见过几人。

　　与老翁短暂相处后，苏轼便继续前行了。当时，徽宗给苏轼的旨意是"任便居住"，意思是让苏轼自己选个养老的地方居住。经历多年奔波，此时的苏轼早就没有了争锋之心。他只想选一处离弟弟苏辙比较近的地方，过两年养老生活。经过一番深思熟虑，苏轼将养老之所定在了常州。

　　六月中旬，苏轼的船只抵达了常州。当时，常州运河两岸有数不清的百姓争相追随，想率先一步一睹苏轼的面容。苏轼在船上听说了此事，也只是跟友人开玩笑道："难道，这些人以为我是美男子，都想来见我一见吗？"

　　其实，此时的苏轼已经到了弥留之际，连日奔波加上常州的暑热，早就将苏轼的身体折磨得羸弱不堪。七月十二日，苏轼觉得病痛似乎减轻了不少，身体也舒爽了很多。于是，他便坐起来写了《惠州江月五首》，"今日意喜近笔砚，试为济明戏书数纸。"并将其送给自己的好友钱济明。可这次短暂的清明，却是回光返照之象。

　　七月二十八日，苏轼听觉、视觉都开始模糊，所幸身边亲人好友都在，苏轼在弥留之际，已觉得世间万物即便宝贵如生命，亦不必强求。面对死亡，苏轼平和而安详。最后，在众人的悲痛声中，这位漂泊一生的大才子溘然离世，从此终随白鹤浮游人间，再无牵绊。

　　苏轼去世的消息很快传遍了全国，彼时四方哀悼，山河同悲。正如苏辙为苏轼撰写的《亡兄子瞻端明墓志铭》一般，"吴越之民，相与哭于市，其君子相吊于家；讣闻四方，无贤愚皆咨嗟出涕。"

　　或许，苏轼的一生早已写在了他自己的词中。

　　人生如逆旅，我亦是行人。

第十章

寂寥的千古
第一文人

第一节　千里快哉风——苏东坡的诗文之美

水光潋滟晴方好，山色空蒙雨亦奇。

欲把西湖比西子，淡妆浓抹总相宜。

（《饮湖上初晴后雨二首·其二》）

作为有宋一朝最优秀的文学家之一，苏轼千百年来一直受到人们的喜爱与追捧。苏轼非常擅长写景，他天马行空的想象也让诗词变得妙趣横生。比如这首《饮湖上初晴后雨》。在阳光的照耀下，西湖水面波光粼粼，水色熠熠。远处，山峦笼罩于烟雨之间，时而朦胧，时而清晰。这样的西湖，就如同西施的美貌一般浓淡得宜，一切都是那样恰到好处。

如果说前一句是苏轼诗文之通，那么后一句则是苏轼诗文之妙。西施是我国古代四大美女之一，她有沉鱼之容，素来是美好的代名词。而苏轼以神来之笔，以西施之美来比西湖之美，这不仅赋予了人们对西湖的想象，也满足了人们对西施的想象。

在苏轼的如椽之笔下，西湖又多了一重身份，名曰"西子湖"。苏轼不但为西湖带来了"苏堤春晓""三潭印月"，亦为西湖带来了浓厚的文化内涵。

苏轼的一生都在漂泊，很快，他便从杭州离开，转而来到密州，随后又前往徐州。宋神宗元丰元年的春天，徐州城里发生了严重的旱灾。彼时，苏轼是徐州知州，掌管着徐州城的一方百姓。为了请求苍天降雨，他亲自前往城东二十里的石潭求雨。后来，等天降大雨后，他又亲自与百姓一同前往石潭谢雨。在赶赴城东石潭的路上，枣花扑簌簌地掉落在行人的衣襟上，因为雨来，家家户户又出现了轧轧的缲车声，而老汉也穿着粗布衣衫，在古柳下叫卖黄瓜了。

簌簌衣巾落枣花，村南村北响缲车。牛衣古柳卖黄瓜。

酒困路长惟欲睡，日高人渴漫思茶。敲门试问野人家。

（《浣溪沙·簌簌衣巾落枣花》）

见到如此情景，苏轼不禁提笔写下了《浣溪沙·簌簌衣巾落枣花》。此时真是酒醉人困，路途悠长，令人昏昏欲睡。太阳高照，口中焦渴，但幸而徐州百姓民风淳朴，他只需随意敲开一户人家，便可讨一碗茶喝。

寥寥数句，苏轼便给人们展现了农村常见生活景象，也带着人们走进了一幅风光优美、民风淳朴的乡野画卷。而口中焦渴难耐的苏轼"敲门试问野人家"，亦留给人们无穷无尽的遐想，让人不由地思绪飘扬。

元丰二年，政绩斐然的苏轼却因"乌台诗案"被捕，从湖州押送进京。随后，他又被贬为检校水部员外郎、黄州团练副使，第二年的二月一日，他抵达黄州，应邀入住了定惠院，同众僧侣们一起饮食起居。

初到黄州的苏轼虽然烦闷，但却凭借过人的乐观心态蛰居下来。

不久，苏轼在定惠院写下了这首《初到黄州》。

> 自笑平生为口忙，老来事业转荒唐。
>
> 长江绕郭知鱼美，好竹连山觉笋香。
>
> 逐客不妨员外置，诗人例作水曹郎。
>
> 只惭无补丝毫事，尚费官家压酒囊。

（《初到黄州》）

写完后，苏轼自己都笑出了声。自己这一生啊，时时为美食奔忙。岁月匆匆而过，自己却一事无成，如今蛰居黄州，却还想着江鱼肥美，笋香满山。可叹自己于朝廷大计无益，却还要耗费官府的资费，实在是有些惭愧。

一首自嘲诗，却展露了苏轼对当权者的嘲讽，也展露了自己广阔的胸襟。在人生逆旅中，他仍然能不断追求生活的乐趣，乐观豁达。此时，谁又能说，一个热爱生活的人于社会无益且无用呢？

很快，皇帝又想起了这位远在千里之外的才子。他一纸诏命，将苏轼重新召入京师。此时的苏轼志得意满，踌躇满志，准备为北宋江山作出一番贡献。彼时乃是万物复苏的阳春盛景，恰似苏轼人逢喜事精神爽。于是，他便挥笔写就了《惠崇春江晚景》。

> 竹外桃花三两枝，春江水暖鸭先知。
>
> 蒌蒿满地芦芽短，正是河豚欲上时。

（《惠崇春江晚景》）

竹林之外，三两枝粉嫩的桃花与青翠的竹子遥相辉映。春江水中，鸭子浮游嬉戏，一派初春景致。此时，河滩上已经长满了蒌蒿，芦芽也陆陆续续冒了出来。而河豚此时正逆流而上，准备从大海游回江河。

苏轼没有写初春景致之美，但字字句句都透露出初春的温柔和煦。曾几何时，苏轼曾盛赞王维"诗中有画，画中有诗"，他自己又何尝不是如此呢？

可惜，好景总是不能长久。就在苏轼打算为国为民作出贡献时，他又成了宋哲宗与新法党人的"祭品"，而大好仕途前程，也尽皆毁于一旦。大起大落复大起大落后，苏轼被贬谪到了惠州。惠州乃岭南之地，此处溽热难当，又兼有瘴气毒雾、毒虫毒蛇，实在令人难耐非常。可是，乐观的苏轼却喜滋滋地写了一首《惠州一绝》。

罗浮山下四时春，卢橘杨梅次第新。
日啖荔枝三百颗，不辞长作岭南人。

（《惠州一绝》）

这罗浮山下四季如春，当年杨玉环为尝荔枝，李隆基还需让驿马奔波千里。而如今，他苏轼想什么时候吃荔枝，就什么时候吃荔枝。除了荔枝，这里还有数不清的枇杷和杨梅。是啊，如果每天都能吃上三百颗荔枝，同苏轼一般，长做岭南人又何妨呢？

司马迁说言："盖文王拘而演《周易》；仲尼厄而作《春秋》；屈原放逐，乃赋《离骚》；左丘失明，厥有《国语》；孙子膑脚，《兵法》修列；不韦迁蜀，世传《吕览》；韩非囚秦，《说难》《孤愤》；《诗》三百篇，大抵圣贤发愤之所为作也。"

苏轼人生数次大起，又数次大落。或许，老天爷就是为了激发苏轼的创作热情，让后世有读之满口生香的诗文，这才不惜让苏轼的足迹广踏大宋疆土吧！

不管是寓情于景也好，借景抒情也罢，苏轼的诗文，总令人读之遐想万千。而这些脍炙人口的诗篇背后，蕴藏着的是苏轼乐观豁达的大智慧。正是这种与人生相关的大智慧，才成就了苏轼将诗文生活化、审美化，继而艺术化、写意化的境界。

或许，正如林语堂先生所言，"苏东坡是个秉性难改的乐天派，是悲天悯人的道德家，是黎民百姓的好朋友，是散文作家，是新派的画家，是伟大的书法家，是酿酒的实验者，是工程师，是假道学的反对派，是瑜伽术的修炼者，是佛教徒，是士大夫，是皇帝的秘书，是饮酒成瘾者，是心肠慈悲的法官，是政治上的坚持己见者，是月下的漫步者，是诗人，是生性诙谐爱开玩笑的人。"苏轼身上有太多闪光点，这些闪光点让苏轼看上去格外鲜活，也让苏轼的诗文看上去格外鲜活。

诚然，苏轼的诗文看上去，总有一种超然物外的飘逸气质。但他的诗词又不同于"诗仙"李白，他更有一种悲天悯人的情怀。或许，正是这种复杂多变的特质，与达观自我的悠然，才让苏轼的诗文读起来格外有意趣。而这些读之余香满口、捧之爱不释手的诗文，亦成就了一个永远诙谐烂漫的苏东坡。

第二节　笑渐不闻声渐悄——苏东坡与摩羯座

不知从何时开始，中国就已经存在十二星座的说法了。早在唐朝时期，韩愈就曾作过一首《三星行》来描述自己的星座。

我生之辰，月宿南斗。牛奋其角，箕张其口。牛不见服箱，斗不挹酒浆。箕独有神灵，无时停簸扬。无善名已闻，无恶声已谨……（《三星行》）

这首诗的意思是："我出生的时候，月亮在南边天空的斗宿那里。在斗宿旁边，一个是牛宿，一个是簸箕宿。于是，我累得如同不服输的老牛一般，而旁边还有些朝堂小人一直煽风点火，把我的名声搞臭。"

其实，这只是韩愈把自己多舛的命运归结为星座问题罢了。可这首诗却在数百年后，引发了苏东坡的强烈共鸣。他不由得一拍大腿高兴地说道："我终于找到我一生颠沛的原因了！"

于是，苏东坡提笔写下一篇《退之平生多得谤誉》，退之诗云："'我生之辰，月宿南斗。'乃知退之磨蝎为身宫，而仆乃以磨蝎为命，平生多得谤誉，殆是同病也。"

这首诗的意思是"韩愈这一生名誉多，诽谤也多。他是摩羯座，我也是摩羯座。他多谤誉，我也多谤誉。看来，就是星座的影响使我们命途多舛，我与韩愈同病相怜啊！"

　　写完后，苏轼意味深长地看了看身边的马梦得，说道："你也是摩羯座吧？"

　　于是，苏轼笑眯眯地又往下写道："马梦得与仆同岁月生，少仆八日，是岁生者，无富贵人，而仆与梦得为穷之冠。即吾二人而观之，当推梦得为首。"

　　意思是："我跟马梦得是同年同月所生，梦得不过比我小了八天。看来，这时候生的人没有富贵命啊，如果贫穷有比赛，那我跟梦得都能当冠军了。不过，我俩比起来，还是梦得穷得更胜一筹啊。"

　　星座文化其实最早起源于西方，相传，星座是古巴比伦人夜观天象所得。当时，古巴比伦人将黄道从春分点开始，平均分成了十二段，这便是著名的黄金十二宫。后来，人们将星星用线连接起来，发现其中十二个星座与十二宫正好相对应。

　　星座最早是从隋朝初年传入中国的。当时，佛教十分兴盛，有一个从天竺国来的高僧，名叫那连提耶舍。那连提耶舍亲自翻译佛经，并记录了十二星座的相关信息，即特羊之神、特牛之神、双鸟之神、蟹神、师子之神、天女之神、秤量之神、蝎神、射神、磨竭之神、水器之神、天鱼之神。

　　当时人们并没有"摩羯座"一说，摩羯座原本的意思就是"磨竭之神"。北宋庆历年间，还有人把"十二星座"与军事联系在一起，推出了一部兵书——《武经总要》，里面详细记录了在行军打仗的时候，选派哪个星座的将军最吉利。

　　唐宋时期，文人们都喜欢用星座来推演自己的命运。苏轼作为大宋朝顶尖的文人，对于星座自然是十分精通的。苏轼的公历生日是一月八日，农历生日是十二月十九日，是个典型的摩羯座。他在《东坡志林·命分》一书中也提到了自己因为摩羯座命途多舛的事。

其实，苏轼、韩愈命途多舛真的跟摩羯座有关吗？也不尽然。要知道，韩愈和苏轼都生不逢时，处于各自朝代的改革时期。改革时期，势必会出现众说纷纭、众党争辩的局面。当自己与当权者政见不同时，就很容易被流放到外地做官。而且，宋朝时期交通虽然比唐朝更加发达，但旅途依然艰难。

只是，苏轼在郁郁不得志的时候，将自己的命运与星座联系起来了。有趣的是，苏轼虽然"黑"摩羯座的目的只是自嘲，但从他往后，不少摩羯座的人遇到不顺利的事情，就会将自己的命运与苏轼的命运作对比，然后就像苏轼感叹自己与韩愈同病相怜一样，他们也会感叹自己与苏轼同病相怜。

比如南宋时期的方大琮，他就作过《与王正字书》，以"枯槁馀生，逢春已晚；奇穷薄命，任斗不神。惟磨蝎所莅之宫，有子卯相刑之说。昌黎值之而掇谤，坡老遇此以招谗。而况晚生，敢攀前哲"来形容摩羯座的命运。而"昌黎值之而掇谤，坡老遇此以招谗。而况晚生，敢攀前哲"这句话的意思是："韩愈总被诽谤，苏轼也总受到小人的迫害，这二位大才尚且如此，何况是同为摩羯座的我呢？"我再厉害，还能有这二位厉害吗？可见不是我不行，是摩羯座的人都不行啊。

无独有偶，南宋另一位政治家、文学家周必大也是摩羯座。某次，他遇到了一些不顺心的事，于是便有了《青衣道人罗尚简论予命宜退不宜进甚契鄙心连日求诗为赋一首》里"亦知磨蝎直身宫，懒访星官与历翁。岂有虚名望苏子，谩令簸恶似韩公"的言论。

其中，"亦知磨蝎直身宫，懒访星官与历翁"的意思就是："好了，我知道我自己是摩羯座，那我也不用去找算命先生了，反正我的命肯定不好。"

当然，方大琮、周必大二人虽不算顺风顺水，但其命运也还算不错了。下面我们要说的这位摩羯座的人，他虽空有凌云之志，但奈何比苏轼更加生不逢时。"摩羯座命途多舛"这句话，用来形容他则是再适合不过的了。这位摩羯座的人是谁呢？他就是著名的爱国将领文天祥。

当年文天祥意气风发、器宇轩昂，以恢复大宋河山为己任。情到浓时，文天祥豪迈地作了一首《赠曾一轩》："磨蝎之宫星见斗，簸之扬之箕有口。昌黎安身坡立命，谤毁平生无不有。我有斗度限所经，适然天尾来临丑。虽非终身事干涉，一年贝锦纷杂糅。吾家禄书成巨编，往往日者迷几先。惟有一轩曾正德，其说已在前五年。阴阳造化荡昼夜，世间利钝非偶然。未来不必更臆度，我自存我谓之天。"可最后，南宋山河破碎，即便文天祥有凌云之志，也再难挽大厦于倾颓了。

如果说宋朝文人都比较委婉，那么，元代尹廷高就非常直接了。他在《挽尹晓山》中直截了当地写道："行辈如君能几人，秋风孤雁独离群。日斜客舍迷春梦，天阔家山隔暮云。清苦一生磨蝎命，凄凉千古耒阳坟。吟窗月落前村晓，孤鹤声哀不忍闻。"其中的"清苦一生摩羯命"，道尽了摩羯少年的心酸。

除了才子文人外，就连政治家也对自己是摩羯座感到苦恼非常。位列晚清四大名臣的曾国藩和李鸿章，都曾在人生失意时说过"诸君运命颇磨蝎""旧雨开樽重聚首，未妨磨蝎命终穷"的话语。

在以苏轼为首的众位文人士大夫的带领下，摩羯座最终还是成了一个命途多舛的典故。而摩羯座既然变成了典故，那就与它是否真的会让人命途多舛无关了。既然将命运的不公归结为星座能让自己好受一些，那么像苏轼一般，来一些"摩羯情结"又何妨呢？

第三节 老僧已死成新塔——继承者苏门四学子

"江山代有才人出，各领风骚数百年。"苏轼是欧阳修之后，北宋文坛的另一位不争的领袖，他文学造诣深厚，更喜欢提携有才华的后辈，因此今人在评价苏东坡的时候，"一代宗师"这四个字是名副其实的。

既然苏东坡当得上"一代宗师"四个字，那么他都提携过哪些人才呢？这其实毋庸多言，宋代文坛著名的"苏门四学士"就是最好的代表。

所谓苏门四学士，指的是黄庭坚、晁补之、秦观和张耒，苏轼曾在《答李昭玘书》中赞赏四人才华出众，他说："如黄庭坚鲁直、晁补之无咎、秦观太虚、张耒文潜之流，皆世未之知，而轼独先知。"

文坛大家亲自下场为他们站台背书，这四人自然很快便名扬天下。那么这四个人又有哪些过人之处呢？

首先说黄庭坚。黄庭坚是洪州（今江西九江）人，字鲁直，号山谷道人，后人称为"黄山谷"。

黄庭坚比苏东坡小九岁，二人经历相似，都是二十多岁进士及第，都有天才之美称。然而黄庭坚的仕途却比苏轼还要坎坷，初入官场的他便受奸人诬陷，几经贬谪，一生也没有登上大的政治舞台一展抱负。

然而黄庭坚的性格却和苏轼一样旷达，他一生不为功名利禄牵绊，早年侍奉母亲至孝，晚年则寄情于山水。

　　黄庭坚虽然官运蹭蹬，诗文却有极高的成就。他是宋代有名的文人团体"江西诗派"的领袖，在文人群体中有很高的声望。而且他不仅诗文写得好，书法也有很深的造诣，我们今天有名的"苏、黄、米、蔡"四大书法家中的"黄"就是黄庭坚，而他留存的《松风阁诗帖》至今仍然作为重要文物保存在台北故宫博物院。

　　苏东坡与黄庭坚是亦师亦友的关系。黄庭坚仰慕苏东坡，苏东坡也欣赏黄庭坚。相传苏东坡第一次在好友孙觉（黄庭坚岳父）家中看到黄庭坚的诗文时，当即表示欣赏赞叹。面对好友请他帮助女婿黄庭坚扬名的要求时，苏东坡感慨地说道："这个人就如同美玉一样，哪里还需要我帮助他扬名？他不需要去接触别人，别人自然而然都会来结识他的。"

　　后来，黄庭坚知道苏东坡对自己的欣赏之后，写信给苏东坡表示感谢，苏东坡则回信说："我一直害怕没有机会与你结识，而你不担心辱没才华写信给我，真让我既高兴又惭愧。"从苏东坡如此自谦的语句中可以看出他对于黄庭坚的欣赏和喜爱了。

　　黄庭坚一生与苏东坡的交往，就像一个"粉丝"追随自己的偶像一样，也正因如此，他后来也受苏东坡的牵连，得了个贬官远放的下场。

　　绍圣三年（1096），黄庭坚被贬亳州，此时苏轼也被贬谪，二人在鄱阳湖相会之后分别，此一去竟然是永别。建中靖国元年，苏东坡在北归的路上去世，四年之后，黄庭坚病逝于宜州（今广西河池），享年六十一岁。

　　苏门四学士中的第二位，就是相传与苏东坡的妹妹苏小妹成就一段姻缘的秦观。如前文所叙，苏小妹只是个演绎人物，苏东坡与秦观并没有这一层郎舅关系，但苏东坡对于秦观的喜爱却也不亚于对黄庭坚。

提起秦观，我们想到最多的就是《鹊桥仙》中那句"两情若是久长时，又岂在朝朝暮暮"。秦观出生于皇祐元年（1049），比苏东坡小十三岁，他是高邮（今江苏高邮）人，字少游，号淮海居士，因此人们又称他淮海居士。

与一向只重视科举的同时期文人不同，少年的秦观却乐于兵事，他最大的梦想就是像李广、马援那样到边关去建立功勋，少年慷慨之气溢于言表。

然而当他拜谒苏东坡时，却大胆写道："我独不愿万户侯，惟愿一识苏徐州。"由此可见，在秦观的心中，认识苏东坡这位偶像，要比他年少时的梦想更加重要。

而苏东坡在看完秦观的文章后，称赞他有"屈原、宋玉之才"。两个人在苏轼贬谪杭州时结识，此后同游了无锡、吴江、湖州、会稽各地，结下了深厚的友谊。

秦观一生郁郁不得志，早年他曾参加科举，但屡次不第。后来苏东坡写信给王安石，请他向人推荐秦观，秦观才因此在士林中扬名，后成功考取进士进而步入了仕途。

秦观性格刚直，进入官场之后屡遭打击，仅仅在朝堂做过一些国史馆编修、秘书省校字等小官后就被迫害贬官。官场的倾轧让秦观心灰意冷，他的诗文也开始转向凄冷，其中最具有代表性的作品就是他被贬谪郴州期间所写的《踏莎行》。

"驿寄梅花，鱼传尺素，砌成此恨无重数。"这样的句子，真切地表达出他对于贬谪流放的悲愤和对前路感到彷徨无助。元符三年，秦观病逝于藤州（今广西藤县），年五十二岁。

秦观病逝之后，苏东坡特别将秦观《踏莎行》的词句写在折扇上，时时赏玩，并感慨地说道："少游已矣，虽万人何赎！"意思是秦少游死了，即便用一万个人也无法赎回他的命，由此可见苏东坡对于秦观的惋惜。

在苏门四学士中，诗、词、文冠绝一时的非晁补之莫属，当时苏东坡在四人中评价最高的也是晁补之。他曾称赞晁补之的文采"于文无所不能，博辩俊伟，绝人远甚，将必显于世"。有这样高的评价，可见苏东坡对于晁补之的重视。

晁补之生于北宋皇祐五年（1053），字无咎，号归来子，是巨野（今山东巨野）人。他二十七岁中进士，先后在汴京和地方任职，后因政治斗争被贬官，几经起复，但也只是做一些郎中、知州等小官。

晁补之是四人中最早接受苏东坡指点的，苏东坡在读完他的文章后惊叹说自己可以搁笔了。随着苏东坡不断向外的推举，晁补之开始在文坛崭露头角。

晁补之的文风接近柳宗元，诗的风格则像陶渊明，词则学习苏东坡的豪迈大气之风，然而终归没有学到苏东坡的精髓。他的词虽然文字清丽，但经常流露出浓厚的消极思想，这可能与他对仕途绝望，总是想要归隐田园的情愫有关。

可能是受苏东坡的牵连，苏门四学士的仕途都很不顺利，而其中最难的是张耒。

张耒出生于北宋皇祐六年（1054），字文潜，号柯山，是谯县（今安徽亳州）人。张耒的仕途在早年还算顺利，宋哲宗时被授予龙图阁学士。然而当陷入元祐党争之后，便开始了漫长的贬谪生涯，经常陷入穷困潦倒的境地。相传，张耒被贬黄州时衣食无着，只能寄宿在寺庙中，后来还是当地郡守实在看不下去了，购买了一块公田让张耒种植，贴补家用。

张耒曾这样记录自己的生活："肉似闻韶客，斋如持律徒。女寒愁粉黛，男窘补衣裾。已病药三暴，辞贫饭一盂。长瓶卧墙角，短褐倒天吴。宵寐衾铺铁，晨炊米数珠。"简单来说就是食不果腹，衣不饱暖。由此可见，虽然同样也是官身，但张耒生活得实在是非常落魄。

而可能正是这样穷困潦倒的生活，让张耒的诗文更加贴近北宋百姓的生活，他的作品中长期体现着对社会底层人民的关心，而在文风上，他又有意学习白居易的质朴风格，从而让他的诗词在苏门四学士中别具一格。苏东坡曾夸奖他说："气韵雄拔，疏通秀明，当推文潜。"

苏门四学士曾经同时与苏东坡修史书，又因为都曾视苏东坡为偶像，以师礼待苏东坡而得名，四学士的诗词文章不仅都曾名动一时，更影响了后世数百年，而他们与苏东坡的交往更是为我们留下了无数的文坛佳话。

附录 苏东坡生平年表

1037 年 1 月 8 日（宋仁宗景祐三年十二月十九日），苏轼出生于四川眉州。

1039 年，弟弟苏辙出生。

1042 年，入私塾，师从道士张易简。

1054 年，与王弗成婚。

1056 年，与父亲苏洵和弟弟苏辙离开眉州参加科举。

1057 年，科举中作《刑赏忠厚之至论》，与弟弟一起中进士，同年母亲程氏病故，兄弟二人回乡守孝。

1059 年，守制期满，同年长子苏迈出生。

1060 年，返回汴京。

1061 年，在欧阳修推荐下参加制科考试，入第三等，被授予任凤翔府签判，作《和子由渑池怀旧》。

1065 年，凤翔任期满后回到汴京，任直史馆，同年妻子王弗病逝于汴京。

1066 年，父亲苏洵去世，与弟弟苏辙回乡守孝。

1068 年，与已故妻子王弗的堂妹王闰之成婚。

1069 年，守制期满回到汴京，此时轰轰烈烈的"王安石变法"已经开启，苏轼作为旧党成员遭到排挤。

1070 年，次子苏迨出生。

1071 年，自贬到杭州任通判，开始了长达八年的地方官生涯。

1072 年，第三子苏过出生，同年作《望湖楼醉书》。

1073 年，买入侍女王朝云，同年作《饮湖上初晴后雨》。

1074 年，任山东密州太守，作《江城子·密州出猎》。

1075 年，作《江城子·乙卯正月二十日夜记梦》。

1076 年，转任徐州太守，作《水调歌头·明月几时有》。

1077 年，因在诗中表达对新政的不满，被污为辱骂皇帝。

1079 年，转任湖州知州，"乌台诗案"爆发，被贬为检校水部员外郎，后被发配湖北黄州，任黄州团练副使。

1080 年，抵达黄州，带家人于城外东坡耕种，因此自号"东坡居士"，同年纳王朝云为妾。

1082 年，与米芾相识，同期作《赤壁赋》《念奴娇·赤壁怀古》《定风波·莫听穿林打叶声》《浣溪沙·游蕲水清泉寺》《临江仙·夜归临皋》等。

1083 年，第四子苏遁（王朝云生）出生。

1084 年，任河南汝州团练副使，转任途中访友，作《题西林壁》《石钟山记》等。同年幼子苏遁夭折。

1085 年，宋哲宗继位，重用司马光等旧党，苏轼被起用，返回汴京任皇帝近臣，同年作《惠崇春江晚景》。

1086 年，反对司马光等人尽废新法，先后任起居舍人、中书舍人、翰林侍读、翰林学士。

1087 年，朝臣分裂为朔、蜀、洛三党，苏轼为蜀党领袖。

1089 年，以龙图阁学士身份再赴任杭州担任知州。

1090 年，主持疏浚西湖，筑成长堤，即"苏堤"，同年作《赠刘景文》。

1091 年，被调回汴京升为吏部尚书，后改为翰林学士承旨，后又以龙图阁学士身份担任颍州知州，同年作《临江仙·送钱穆父》。

1092 年，从颍州知州转任郓州知州，扬州知州。

1093 年，任定州知州，同年妻子王闰之去世。

1094 年，陷入元祐党争，被贬为英州知州，未到任就被降职，最后被贬为建昌军司马，惠州安置。

1096 年，妾王朝云病逝于惠州，作《悼朝云》，同期作《惠州一绝》。

1097 年，被贬为琼州别驾，儋州安置。

1098 年，在儋州被逐出官屋，生活清贫，但依然热衷于文教，在儋州开办书院。

1100 年，宋徽宗大赦元祐党人，苏轼得以北归。

1101 年，北归路上病逝于常州。